RENÉ JACQUET

Notre Maître
Maurice BARRÈS

AVEC PORTRAIT

PARIS
LIBRAIRIE NILSSON
PER LAMM, Successeur
7, Rue de Lille, 7
1900

NOTRE MAITRE
MAURICE BARRÈS

Du même Auteur :

QUELQUES PLAQUETTES

EN PRÉPARATION :

Chère Petite Vie (Roman *sentimentiste*).
Nos Cigarettes (Petits Mémoires psychologiques).

RENÉ JACQUET

NOTRE MAITRE
MAURICE BARRÈS

*« ... Petit garçon, si timide,
tu n'avais pas tort... »*

M. B.

PARIS
LIBRAIRIE NILSSON
PER LAMM Successeur
7, Rue de Lille, 7

1900

A CEUX

QUI NE LE CONNAISSENT PAS

R. J.

NOTES PRÉALABLES

AVERTISSEMENT

L'auteur de ce volume est le premier venu parmi les quelques milliers de jeunes gens qui pensent devoir de la reconnaissance à Maurice Barrès.

PRÉFACE

« *Les jeunes gens sur lesquels M. Barrès a agi n'ont pas parlé de lui encore. Il a été mieux que le lettré, l'idéologue, l'écrivain que l'on a discuté il y a une demi-douzaine d'années, — il a été notre éducateur. Il a été notre professeur d'énergie... ensuite nous* avons fait de cette énergie ce que nous avons pu — ou nous en ferons ce que nous pourrons... Mais il a su être notre maître sans rien nous prendre de notre initiative... et nous ne lui en saurons jamais assez de reconnaissance. »

J'écris une préface presque uniquement pour le plaisir de citer cette phrase du pauvre Jean de Tinan, qui fut peut-être le plus délicat et sûrement le plus sympathique des jeunes écrivains de notre âge. Il y a une fine jouissance à se sentir en communion d'admirations avec ceux qui nous sont chers...

D'ailleurs quelles paroles valent cet acte du doux enfant que nous pleurons ? Un journal s'occupait de faire élire par des littérateurs le plus digne d'entre eux. Dans son lit de moribond, exactement la veille de son agonie, Jean de Tinan demanda une plume et traça sur son bulletin de vote le nom de Maurice Barrès.

Sa dernière pensée, son dernier geste furent un hommage à son éducateur. La plume qui *toute une jeunesse s'était exercée à de subtiles et charmantes analyses voulut se briser sur le nom du penseur qui l'initia.*

Lequel, du Maître ou du disciple, en doit être le plus honoré ?

Nous ne les séparerons pas.

* *
*

Pauvre âme blanche et tendre, — exquise, — mon cher Tinan, que je m'afflige de n'avoir pas connu, n'est-ce pas que j'eus raison d'intituler mon livre : « Notre Maître Maurice Barrès » ?

* *
*

Je sais que voici quelque chose d'incomplet, d'insuffisant... Mais je n'ai pas prétendu faire une biographie, encore moins un compendium des titres de gloire de M. Barrès. C'est en vain aussi qu'on y chercherait des critiques ou des restrictions et de la psychologie savante :

Ceci est un livre de beaucoup d'admiration et de quelques documents.

Des matériaux, — avec de l'amour autour.

Un autre, — peut-être, — un jour, — aura l'idée d'utiliser ces matériaux épars. Il y ajoutera de la clairvoyance et encore de l'amour. Et ce sera bien. Mon volume aura servi, j'aurai contribué : me voilà content.

Même, — pour finir, comme j'ai commencé, par un mot de ce cher Jean de Tinan, — « j'éprouverais un plaisir délicat à ce qu'il y ait des gens pour trouver cela ridicule. »

Saint-Dié-des-Vosges, Janvier 1900.

TROIS MOIS CHEZ M. BARRÈS

L'AUTEUR SE PRÉSENTE

Les jeunes Parisiens qui coudoient chaque soir, sur le boulevard, des artistes, des littérateurs célèbres, ne sauront jamais quels dieux sont ces hommes pour les petits provinciaux de quelque lecture et de quelque imagination. Car ces admirables, le lycéen de la capitale les tient au moins quelques heures par mois au bout de sa lorgnette de théâtre et, souvent ne les ayant pas lus, il connaît leurs gestes familiers. Mais l'écolier de province, dont la pensée n'est pas distraite par une atmosphère fébrile, qui se repaît en cachette de littérature contemporaine, entretient dans son âme une fervente reconnaissance pour les hommes qui forment ou flattent sa sensibilité. Volontiers il les tient pour des héros et toute la force de son admiration aspire à les connaître davantage.

Pour moi, j'ai passé mon adolescence dans l'amour de deux maîtres, qui furent bien plus mes éducateurs que les licenciés préposés à mon instruction : Alphonse Daudet et Maurice Barrès. J'ai rêvé d'eux plus d'une fois sous la veilleuse du vaste dortoir, l'esprit encore impressionné par les pages relues en cachette du pion et je puis affirmer que ma seule ambition à cette époque était d'être admis à leur dire un jour mon admiration.

Si je n'ai jamais vu Daudet, à vingt-trois ans j'ai pu connaître Barrès. C'est la mort de Stanislas de Guaita, le maître de l'ésotérisme contemporain, qui m'en fournit l'occasion.

Je dirigeais à cette époque (1898) une jeune revue littéraire de Nancy. Un de mes collaborateurs, connaissant l'amitié fraternelle qui liait les deux grands Lorrains, écrivit à Barrès pour lui demander quelques lignes de nécrologie. Barrès répondit par un article qui est sûrement une des plus émouvantes pages de son œuvre (1).

A cela auraient dû naturellement se borner nos rapports, mais je n'avais garde de manquer ce prétexte de faire savoir au Maître quelle dévotion lui avait vouée un groupe de jeunes nancéiens ; je profitai de l'envoi des épreuves pour lui dire ce qu'était notre petite œuvre de décentralisation et combien nous serions heureux d'avoir l'approbation de l'auteur des *Déracinés*. De tout cela il se dit fort touché, m'encouragea à le tenir au courant de nos modestes tentatives et m'invita même à l'aller voir dès qu'une occasion m'appellerait à Paris.

Je n'attendis pas l'occasion.

Quelqu'écrivain a-t-il déjà dit l'émotion du jeune débutant qui, pour la première fois, pénètre chez le maître dont le génie provoqua ses plus intimes enthousiasmes ? Son cœur battra certainement moins fort

(1) *Revue lorraine*, n° de janvier 1898.

à l'instant où il sollicitera le oui qui doit décider de sa destinée... En rira qui voudra : le grincement de certaine petite grille du boulevard Maillot a marqué un des moments les plus solennels de ma jeunesse.

Après dix minutes d'attente dans un petit salon fort nu où, provisoirement sans doute, était posé un ravissant portrait de madame Barrès par Jacques Blanche, je fus introduit dans un cabinet de travail immense et clarteux, bien chaud, bien gai, aux tables encombrées de livres, aux murs tapissés de vitrines, de rayons de bibliothèque, de tentures discrètes, aux nuances atténuées.

Et il entra.

Je ne m'étonnai pas de cette tête d'un caractère étrange et d'un charme attirant, les longs cheveux noirs, les yeux très doux, la lèvre à peine duvetée. Car depuis longtemps ses traits m'étaient familiers et je possédais de ses portraits une nombreuse collection.

Il vint la main tendue, avec un bon sourire. (Le sourire de Barrès est une des choses les plus charmantes que je sache).

Trois heures nous causâmes Lorraine, littérature et politique, en fumant d'excellentes cigarettes. (Chez Barrès on fume beaucoup de cigarettes).

De la Lorraine il parla en compréhensif et en passionné, comme il convient à celui qui écrivit certains chapitres d'*Un homme libre*. La littérature nous retint peu parce que, hors son œuvre dont rarement il consent à s'entretenir, la chose littéraire, à ce moment, importait peu à ma joie. Quant à la politique, comme je lui demandais s'il était décidé à tenter cette année l'aventure électorale à Nancy, il m'assura en avoir grand désir ; mais bien que deux mois à peine nous séparassent de la période active, il voulait, avant de prendre une décision, étudier les chances de succès.

... Je revins à Nancy enthousiasmé, et je trouvai à qui faire partager mon enthousiasme.

Quinze jours après, une lettre :

« Attendez-moi dimanche au train de 2 heures ; je viendrai passer quelques jours à Nancy. »

Vous rappelez-vous, Maître, cette journée prématurément chaude où, toute une après-midi, nous déambulâmes par les rues, puis dans les allées de la Pépinière, échangeant des pronostics sur l'issue d'une campagne si peu préparée ? Personne encore ne savait votre présence à Nancy, et quand, le lendemain, un journal l'annonça, on ne se doutait guère que, comme un général la veille de l'engagement, vous veniez reconnaître votre champ de bataille.

Vous rappelez-vous aussi cette longue station sur un banc de la place Carrière — où nous nous sentîmes si isolés, si abandonnés à nos seules forces (car les portes où nous avions frappé étaient closes) un peu comme vos Lorrains quand ils arrivèrent sept pour conquérir Paris ?...

Ah ! quel admirable professeur d'énergie vous vous êtes montré, organisant, créant un parti dans le désert !

Puis, ce fut ce qu'on appelle si justement une campagne électorale : des poignées de mains, des trognons de choux, des ovations, des crocs-en-jambes, « Conspuez les Juifs ! » « Travadja la moukère, » la salle Gauchenot et Champenoux...

A ces journées que je persiste à tenir pour suprêmement passionnantes, en dépit du souvenir toujours vivace d'un formidable éreintement physique et moral, je dois d'avoir vécu trois mois de la vie de Barrès. Ai-je le droit de me plaindre ?...

En somme, pour le public, cette aventure est assez banale et je serais inexcusable de l'avoir contée si je ne prétendais en tirer des conclusions quelque peu intéressantes. Ces conclusions, je les soumets aux admirateurs de Barrès « qui ne le connaissent pas, » sous la forme de quelques notes qui seront une légère pâture à leur curiosité. Autrefois, combien n'ai-je pas souhaité semblable satisfaction ?

(J'étais bien « provincial, » n'est-ce pas ? Hélas ! avec quelles délices je me sens incurable !)

PORTRAIT

Maurice Barrès est né en 1862 ; il a par conséquent, au jour où j'écris ces lignes, trente-huit ans. Sur sa physionomie on lui en attribue couramment vingt-cinq. Quand, en 1889, il sollicita des électeurs de Nancy un mandat législatif, une des grandes difficultés qu'il rencontra fut de les persuader qu'il était éligible.

Et il lui arrivait des aventures de ce genre :

Un jour, vers le début des hostilités électorales, il fut, accompagné d'un ami influent, M. S..., visiter le maire d'une grosse commune de la circonscription. Le compagnon de Barrès jugea superflue toute présentation, et le maire, négligeant absolument le jeune candidat, réserva toutes ses prévenances pour M. S... qu'il connaissait de longue date. Tant qu'enfin celui-ci hasarda : « J'ai jugé inutile de vous présenter..... Vous connaissez bien M. Barrès, n'est-ce pas?... — Ah ! fit l'autre, vraiment, c'est M. Barrès ? Eh bien ! M. Barrès, je suis content de faire votre connaissance : vous voudrez bien présenter mes hommages à monsieur votre père ; je ne l'ai jamais vu, mais on dit que c'est un homme de beaucoup de talent et nous serions charmés de l'avoir pour député... »

Du reste, à Dombasle comme à Champigneulles et à Saint-Nicolas, le « petit Maurice » était vite devenu populaire, — même parmi le beau sexe !

Un docteur qui passe, à juste raison, pour excellent physiologiste, parlant de Barrès disait : « Une tête ainsi conformée ne pouvait contenir qu'une cervelle de génie. » Mon ignorance de la phrénologie ne me permet pas d'apprécier ce diagnostic, mais il est remarquable que, dès le premier abord, les personnes les moins prévenues, qu'un hasard fait approcher Barrès, ont le sentiment d'être en présence d'un homme extraordinaire.

Il est grand et très mince. De longs cheveux noirs encadrent de bandeaux soyeux une face si pâle qu'elle en paraît exsangue, illuminée par des yeux d'un brun amorti, aux paupières épaisses ; le nez est fortement aquilin ; une moustache d'éphèbe, comme dessinée au fusain, ombre à peine la lèvre supérieure.

« Un grand garçon à la figure de proconsul, — disait, il y a dix ans, Jean Moréas. — Un proconsul qui aurait lu Stendhal et M. Renan... »

ASCENDANCE

(Nous verrons plus loin quelle grande part dans la formation morale de l'individu Barrès reconnaît aux traditions ancestrales, à l'hérédité de la race. Toute son œuvre pivote autour de cette idée : « Nous sommes le prolongement, la continuation de nos parents ; nous sommes eux-mêmes. Ils pensent et ils parlent en nous. »

Il serait intéressant d'expérimenter sur son auteur une telle méthode psychologique, de déterminer l'influence de l'apport héréditaire dans un si prestigieux génie. Besogne tentante, mais ardue, subtile et compliquée. Je n'y songe pas.

Cependant, pour faciliter cette tâche aux analystes, je veux en réunir ici les données purement historiques et documentaires. Au lecteur avisé de faire des remarques et de tirer des conclusions.]

Des anciens petits amis de Barrès, unis aujourd'hui à ses éternels (¹) grands ennemis, ont découvert qu'il était un juif portugais. Comme cela peut n'être pas évident pour tout le monde, nous l'allons démontrer par l'histoire.

La famille Barrès a ses origines en Auvergne. Il semble qu'elle ait tiré son nom d'une petite commune du Cantal où elle aurait résidé et qu'on appelle *Mur-de-Barrez* (²) Ainsi se trouverait expliquée la désinence « portugaise » que d'aimables publicistes ont si ingénieusement exploitée.

Notons comme éléments constitutifs de la race, que ce pays est le plus vieux territoire celtique de France et que sa

---

(1) Ne pas comprendre : immortels.
(2) *Baré* signifiait primitivement une enceinte de fortifications faite avec des pieux et des barres de bois. (*Récits d'un Touriste Auvergnat*, par J.-B.-M. Biélawski).

population a été pénétrée par de fortes infiltrations de Sarrazins.

C'est sur les registres de la petite ville de Blesle (Haute-Loire) qu'apparaît pour la première fois le nom des Barrès ; il y figure dès l'année 1550 ; à partir de cette date la filiation se poursuit sans discontinuité : nous en possédons des documents précis.

Vers 1530, un Barrès vint se fixer à Blesle. Il s'y fit construire une maison qui existe encore dans le plus vieux quartier de la ville. On l'appelle la maison des Anglets. J'en ai sous les yeux une photographie [1]. C'est une bâtisse en torchis avec une ravissante fenêtre ogivale, mais qui s'écroule.

De père en fils les Barrès étaient notaires royaux. Les actes de baptême [2] indiquent que les fils de la famille avaient régulièrement pour parrains les sires de Chavagnac.

Il existe un curieux exemplaire d'une

---

[1] Cliché Fréd. Muret, photographe à Brioude (Haute-Loire).
[2] Oui, Monsieur ! ces juifs faisaient baptiser leurs fils !

Description topographique du Canton de Blesle (¹) publiée en 1801 par l'arrière grand-père de Maurice Barrès, officier de santé et conseiller général de la Haute-Loire.

Ce médecin avait trois fils :

L'aîné, Pierre, fut d'abord secrétaire général de la préfecture de la Haute-Loire ; il fut élu par la Loire au corps législatif, mais le Sénat ne ratifia pas son élection ; il prit ensuite l'habit ecclésiastique et mourut vicaire général. Frédéric Masson le montre quelque part chargé d'une mission par Bonaparte. Il a laissé dans le pays le souvenir d'une science peu commune et d'une intelligence de premier ordre (²).

Le cadet, Jean-Baptiste-Auguste Barrès (grand-père de Maurice Barrès), né le 25 juillet 1784, s'enrôla le 27 juin 1804 dans le

---

(1) « *Description topographique du canton de Blesle*, par BARRÈS, officier de santé, membre du conseil général du département et de la Société libre d'agriculture établie au Puid. — Au Puid, de l'imprimerie J.-B. Lacombe, imprimeur de la préfecture de la Haute-Loire — An IX. »

(2) *Dictionnaire de la Révolution et de l'Empire*, par le docteur Rolinet.

corps de vélites que venait de créer Bonaparte pour l'adjoindre à sa garde consulaire. Le jour du sacre de l'empereur, il faisait partie de la haie commandée pour rendre les honneurs. Il a légué à sa famille des mémoires manuscrits intitulés : *Itinéraire d'un soldat devenu officier supérieur et tableau des journées de marche et de séjour dans les villes de garnison* : ces cahiers sont remplis de curieux détails sur les campagnes impériales et sur l'empereur lui-même, avec qui parfois l'auteur s'entretint.

De passage dans l'Est, il se maria à Charmes-sur-Moselle (Vosges), avec Mlle Barlier, dont le père et le grand-père, Gouvernel, faisaient partie en 1790 du conseil de district (1). Il prit sa retraite dans cette petite ville (2). Il eut pour fils unique M.

(1) Ils avaient pour collègue Krantz. C'est l'aïeul du ministre actuel. Le fils de Gouvernel fut député des Vosges sous la Dynastie de Juillet et en 48. Gouvernel et Barbier avaient été élus en 1790 comme étant des « notables » du département. Voir les *Vosges pendant la Révolution*, par Félix Bouvier.

(2) Son troisième frère, soit le grand oncle de Maurice Barrès, mourut à Blesle où existe encore une branche de la famille Barrès, qui a toujours entretenu avec celle de Charmes des relations très suivies.

Auguste Barrès qui, après de brillantes études à l'Ecole Centrale, revint à Charmes. Du mariage de ce Lorrain avec M{^lle} Luxer, elle-même issue d'une des plus anciennes familles de Lorraine (1), naquit à Charmes, le 22 septembre 1862, MAURICE BARRÈS.

Donc, et à n'en plus douter, ce Maurice Barrès est bien un juif Portugais.

(1) Avant la Révolution, les Luxer siégeaient au Parlement de Lorraine. L'un d'eux est en ce moment président de Chambre à la cour de Nancy. Le colonel de Luxer, président du Conseil de guerre qui jugea Estherazy appartient à cette famille éminemment lorraine.

JALONS BIOGRAPHIQUES [1]

SON ENFANCE

A Charmes, petite ville claire qui sur les confins des Vosges descend vers la Moselle en douce déclivité, j'ai vu la maison où naquit Maurice Barrès. C'est un chalet à l'écart de la ville, isolé, entouré d'un grand jardin sur la Moselle. Les gens du pays l'appellent « *l'Usine* » parce qu'autrefois ce fut une fabrique d'aniline.

Plus tard les parents de Barrès quitteront cette solitude pour habiter en ville ; mais lui, il y aura passé toute sa tendre jeunesse et je voudrais insister beaucoup

---

[1] Quelques faits, simplement signalés dans ce chapitre, trouveront d'autre part un plus complet développement : par exemple : les campagnes électorales, certains articles fameux, etc...

sur cette enfance recueillie dans un mélancolique paysage vosgien.

A trois ans, d'un ermitage il passa dans un cloître. La Faculté de médecine de Strasbourg, qui jouissait alors d'une réputation universelle, patronait dans cette ville un très vaste établissement de santé, la *Toussaint*, — où prenaient pension les personnes qui voulaient des soins suivis. La mère de Maurice Barrès était d'une santé délicate ; elle passa plusieurs années à La Toussaint et en été à Andlau où la Faculté avait, dans la montagne, une station de plein air. Là se continua cette existence recluse, qui fut sans doute d'une influence décisive sur une nature par instinct déjà disposée à tout dédaigner du décor pour se créer une vie intérieure. De cette époque, peut-être tient-il aussi cette amertume hautaine qui perce dans toutes les pages où il raconte ses années de pension.

Qu'on ne croie pas, pourtant, que ce fut une période fort pénible ; il se plut dans cette maison spacieuse où toutes les cours, tous les couloirs étaient accordés à ses jeux. Et puis les bonnes sœurs n'avaient pas assez de gâteries pour ce bébé de trois ans, intelligent, sage, délicat ; elles le choyaient, l'amouraient, et il aimait beaucoup cela.

Je sais qu'une de ses meilleures distractions était d'assister aux offices de la fameuse cathédrale de Strasbourg. On l'y menait souvent et, bien sûr, les heures qu'il passa dans cette atmosphère mystique, parmi des perspectives élégantes, ont laissé dans son âme des impressions douces et fortes. Qui sait si, quand il nous parle des belles églises orientales, des colonnes de porphyre de la cathédrale de Cordoue, il ne vient pas se mêler à des admirations récentes le nébuleux *remember* d'une émotion enfantine ?

J'imagine qu'il s'arrêta souvent, sous le coup de midi, devant l'antique horloge où les douze apôtres défilent avec des révérences saccadées, quand le vieux coq s'ébroue avec un cocorico si enroué qu'on croirait le voir s'éveiller tout à coup d'un sommeil de trois cents ans ; et que lentement, goutte à goutte, des timbres voilés comme si la poussière des siècles amortissait leur son, laissent tomber les quarts et les douze coups.

Combien cette vieillotte et touchante parade dut frapper l'imagination de cet enfant précoce, et comme nous aimerions que notre Maître nous dît le souvenir qui lui en reste !

Mais l'impression qui domine toute cette enfance maladive, c'est la terreur de l'invasion allemande. A cette époque, Maurice Barrès était rentré dans sa famille ; son grand-père Luxer était maire de Charmes. Le bambin dut entendre de sinistres propos, cet hiver-là, pendant les veillées ! En effet, les Prussiens marquèrent leur séjour dans la petite ville par des scènes de massacre. Des coups de feu ayant été tirés sur eux par les fenêtres, ils usèrent de terribles représailles : un habitant fut tué dans la rue par les baïonnettes ; cinq maisons furent incendiées et il fut défendu d'apporter le moindre secours et de sauver le moindre objet. Pendant quinze jours l'ennemi terrifia la population par de tels actes de sauvagerie.

Le grand-père et le père de Maurice furent réquisitionnés par l'autorité allemande ; ils passèrent des jours et des nuits sur les locomotives des convois d'invasion, comme otages, en prévision des attaques de francs-tireurs. L'hiver de 1870 fut, on s'en souvient, d'une exceptionnelle rigueur ; M. Luxer, déjà âgé, mourut des suites de ces brutalités.

De semblables tableaux, ineffaçables dans le cerveau d'un petit enfant, sont évidemment l'origine du profond patriotisme qu'il devait traduire en idées une vingtaine d'années plus tard.

SES ÉTUDES

Quand il eut dix ans, ses parents le firent entrer comme pensionnaire au collège de la Malgrange qui, situé non loin de Nancy, en pleine campagne, et tenu par des prêtres, promettait à cet enfant débile un régime relativement doux (¹). Il y resta quatre années. Là il rencontra Stanislas de Guaita qui comptera, plus tard, de moitié dans sa vie, et Clochette, le futur brave qui mourut au service de Ménélick contre les Italiens, — et d'autres dont le souvenir lui est moins agréable. A cette période font allusion les lignes, touchantes comme un sanglot, qui commencent la fameuse oraison de *Sous l'œil des Barbares* :

> Je me rappelle qu'à dix ans, quand je pleurais contre le poteau de gauche, sous le hangar au fond de la cour des petits, et que les cuistres, en me bourreaudant, m'affirmaient que j'étais ridicule, je m'interrogeais avec angoisse : « Plus tard, quand je serai une grande personne, est-ce que je rougirai de ce que je suis aujourd'hui ? » — Je ne sais rien que j'aime autant et qui me touche plus que ce gamin, trop sensible et trop raisonneur, qui m'implorait ainsi, il y a quinze ans. Petit garçon, tu n'avais pas tort...

(1) Un jour de l'été dernier, j'ai eu le plaisir de voyager avec le jeune écolier qui, cette année, a l'insigne honneur d'écrire ses thèmes latins sur le pupitre d'étude qui fut celui de Maurice Barrès : l'authenticité de la relique, me dit le bonhomme, n'est pas douteuse : l'auteur des *Déracinés* prit soin d'y graver son nom ! Pour les passionnés, quel pèlerinage à faire !

Et encore celles-ci, du premier chapitre :

Il naquit dans l'Est de la France et dans un milieu où il n'y avait rien de méridional. Quand il eut dix ans, on le mit au collège où, dans une grande misère physique (sommeils écourtés, froids et humidité des récréations, nourriture grossière), il dut vivre parmi des enfants de son âge ; fâcheux milieu, car à dix ans ce sont précisément les futurs goujats qui dominent par leurs hâbleries et leur vigueur, mais celui qui sera plus tard un galant homme ou un esprit fin, à dix ans, est encore dans les brouillards.

Il fut initié au rudiment par une personne apoplectique, le professeur le plus fort qu'on pût voir, car d'une seule main ce pédagogue arrachait l'oreille d'un élève, qui de plus en devenait ridicule.

Et — que notre Maître me pardonne ! — voici que je déterre dans une vieille revue cette page très rancunière que lui-même peut-être a déjà oubliée et qui date de 1887.

J'ai passé mon enfance au collège, au milieu d'abominables imbéciles.

Au bout de cinq ans j'y trouvai une légère distraction : pour exercer notre mémoire on nous donna une anthologie des prosateurs français du XIXe siècle. Je possède encore ce gros volume bleuâtre. A chaque fois que je l'ouvre, je retrouve cette joie aiguë et tremblante, joie enveloppée de tristesses, que me faisait ce bon livre pendant les longues études du soir, quand, après une journée terrible, je me consolais parmi ces enchanteurs jusqu'à l'heure bénie du coucher. J'avais pour d'excellentes raisons une peur terrible des récréations. Et il ne faut pas sourire, si je dis que Charles Nodier (avec *Trilby*), Alexandre Dumas (avec une *Soirée chez Charles Nodier*), Veuillot (avec *Maître-Aspic*), quelques autres encore, étaient mes vrais camarades. Depuis ce temps, je les ai un peu mieux connus, les prosateurs français du XIXe siècle. Tour à tour j'ai admiré ou négligé sur ma bibliothèque chacun de ces vieux maîtres. Que sont nos sympathies littéraires, nos opinions que chaque année modifie ! Mais jamais je ne cesserai, quoique dise mon esthétique, de les aimer, de les chérir avec un sourire un peu triste, de bénir en eux les bienfaiteurs de ce misérable temps-là.

Ah ! comme je les savourais, les moins ravissants de ces bouts de prose avec longues notices pleines d'anecdotes et de regrets sur le goût du siècle ! Pourtant la lecture n'en était pas aisée. Je veux dire qu'il était sévèrement défendu de feuilleter le volume, et dans l'étude consacrée aux leçons, le maître veillait à ce que nul ne se permît de lire une autre page que celle à apprendre par cœur. Quand on aime on devient subtil. J'avais des ruses. Donc un jour que je lisais adroitement la notice sur Augustin Thierry, elle me transportait. Cet homme fut si noble, si désintéressé, aveugle et parlant de ses souffrances supportées pour la science, avec une délicieuse simplicité de héros. Je ne puis vous dire combien ces détails m'emplissaient de générosité et de trouble. Quand j'atteignis à l'histoire de ses débuts, comment il devint historien, et que j'appris comment à 15 ans lisant le beau chant des *Martyrs :* « Pharamond, Pharamond, nous avons combattu avec la hache, » etc., il se leva, criant qu'il serait historien, je me mis à gesticuler d'aise, répétant moi aussi : « Pharamond, Pharamond... » O désastre !

L'homme, le préposé, le surveillant, bondit... Je me souviens qu'il lisait alors, comme toujours, *Les Faucheurs de la Mort.* C'était sa lecture favorite et stupide... Par terreur et prudence, je m'étais coulé sous la table. D'un adroit coup de pied, m'en ayant fait sortir, il me précipita dans la boîte à houille. C'était le lieu d'humiliation habituel. Pourquoi ce singulier et incommode pénitencier ? Aujourd'hui encore je ne comprends rien à la fantaisie de l'affreux drôle. D'ailleurs, à cette époque, je n'essayais guère de connaître les motifs d'un dieu. Je m'agenouillais, terrifié, dans la houille, et au bout de cinq minutes, l'horrible chaleur du poêle de fonte où j'étais presque adossé m'avait perdu d'apoplexie, névralgie et autres barbares douleurs, sans oublier l'humiliation.

Depuis, le cuistre ! il fut empalé par les Chinois qui ne purent s'habituer à son détestable caractère. Et je ne pense jamais à cette fin du mauvais diable sans être tout couvert d'une petite sueur de plaisir.

Barrès exagère ; je suis sûr qu'il n'a jamais poussé, même dans ses rancunes, la férocité jusqu'à si près de l'anthropophagie. Ces citations néanmoins n'évoquent pas en nous l'idée d'une époque heureuse. Aussi, comme il le dit, ce gamin était « trop sensible et trop raisonneur » : il ne pouvait avoir sous la férule des maîtres (voire dans la boîte à houille) et au contact des camarades qu'il n'avait pas choisis, une jeunesse satisfaite.

Cette gêne morale le poursuit, devenue plus précise, plus intellectuelle, au lycée de Nancy où, ayant terminé ses classes élémentaires, il fut mis interne. Il a dit :

> Jusqu'à l'époque de sa rhétorique on ne lui enseigna rien que de sec, décoloré et formaliste qu'il mâchait machinalement et sans y trouver de saveur. Dans ces mauvaises conditions matérielles et morales, par manque de globules sanguins et à se sentir différent de ses professeurs et camarades, il devint timide...

Du reste, si l'on veut savoir de façon exacte l'impression qu'il a gardée des études et de l'organisation du lycée, il faut lire la première partie des *Déracinés* et la brochure sur *Stanislas de Guaita*. Il y est parlé de « la platitude, de l'anarchie, du vague de la vie que fait à ses internes un collège français » et de « la règle monotone parmi des camaraderies qui fournissent peu et un enseignement qui éveille sans exciter. » Mais c'est surtout de l'aridité de sa morale kantienne qu'il tient rancune à l'Université, et l'on peut croire que l'impression profonde produite sur lui par Burdeau, — le Bouteiller des *Déracinés*, qui, étant son professeur de philosophie, devint l'intermédiaire zélé de cette métaphysique subversive, — se rapporte à ces dernières années d'école.

Par bonheur, dans l'âme du jeune homme une influence vint bientôt s'opposer à celle des philosophes scholastiques : l'influence des lyriques modernes.

Si l'on se représente exactement cette nature inquiète, subtile et curieuse, un peu vague, pendant des années nourrie d'idées abstraites, de formules sèches, sevrée de tous éléments de vie, — et à qui soudain se révèle un monde où l'on a le droit de rêver, de sentir, de s'émouvoir et d'analyser tout cela, on comprendra quelle réaction se produisit chez le lycéen quand Stanislas de Guaita lui apporta les livres de Théophile Gautier, de Flaubert, de Charles Baudelaire. A des degrés divers, tous les collégiens, — les internes surtout, — ont subi ce bouleversement. Qui de nous, vers la quatrième, n'a pas un beau jour perdu le goût de Boileau ou de Bossuet pour avoir lu Sully Prudhomme ou Daudet ? Mais avouons que rarement les éléments d'une telle crise, — qui sont : la délicatesse du sujet, l'aridité du premier fond et la puissance du réactif, — se présentèrent avec une pareille intensité.

Barrès nous a raconté récemment ces années de vie nouvelle divisées entre les cours de morale de M. Burdeau, au lycée, et la lecture des lyriques, en certaine petite chambre de la rue de la Ravinelle où Stanislas de Guaita venait partager des cigarettes et des tasses de café (1). Car le température nerveux de Barrès n'avait pu se faire à un emprisonnement si prolongé : on avait dû lui permettre une chambre en ville et des heures de liberté. C'était en mai, juin, juillet, août 1880. Il avait dix-huit ans. « Voilà, dit-il, le temps d'où je date ma naissance. »

SES DÉBUTS

Son père se flattait de le voir bientôt magistrat. Chose ineffable ! maintenant encore sa famille lui pardonne à peine d'être devenu un glorieux littérateur. Elle lui en tient même rigueur, au point de vouloir ignorer obstinément le littérateur et l'on peut être assuré que seule parmi les parents de Maurice Barrès, sa mère, pour qui il a la plus tendre affection, a lu ses livres.

(1) Mais il a beau nourrir contre l'Université des sentiments de fils révolté, il n'en fut pas moins un des bons élèves du lycée de Nancy ; nous n'en voulons pour preuves que le témoignage de son ancien professeur de rhétorique, M. Collignon et certain palmarès où le rhétoricien Maurice Barrès, de Charmes-sur-Moselle, est porté pour le premier prix de version latine.

Il fit une année de droit à Nancy ; mais il n'apparut à la Faculté que pour prendre ses inscriptions et passer ses examens. Dès ce moment il avait résolu d'avoir du talent littéraire et le reste ne l'inquiétait pas. Son premier article parut cette année-là, au *Journal de la Meurthe et des Vosges* ; le but en était de soutenir la candidature de Paul-de-Saint-Victor à l'Académie française ; le plaidoyer parvint à l'académicien qui remercia l'auteur par une lettre fort aimable et un exemplaire, avec dédicace, de son livre *Hommes et Dieux*.

Guaita qui avait déjà produit ses essais dans des revues parisiennes, lui enseigna la *Jeune France*, périodique mensuel dirigé par Albert Allenet où s'affirmaient, à côté de maîtres comme Alphonse Daudet, Anatole France, Sully Prudhomme, François Coppée, des jeunes tels que Rodenbach, Léon Valade, Rollinat, etc., Barrès envoya une étude sur *Le Théâtre d'Auguste Vacquerie*, qui fut insérée dans les numéros de janvier et février 1882. La couverture ocre de la première livraison porte au verso une

Petite Correspondance ; nous nous sommes avisé d'y déterrer les lignes suivantes qui, évidemment, nous dispensent d'analyser l'article sur Vacquerie.

M. B. *à Nancy*. — Vous avez beaucoup d'esprit et vous êtes fort aimable. Je pense que notre cher et illustre maître Auguste Vacquerie ne sera pas mécontent de votre travail. Le père de *Tragaldabas* sait que la *Jeune France* se réclame de lui et des siens, politiquement et littérairement, et je vous remercie, quant à moi, de payer si bien nos dettes de reconnaissance et de sympathie.

Eloge qui a de la valeur, venant d'un directeur qui n'hésite pas à servir à ses abonnés-collaborateurs de dures vérités de ce genre :

J. N. *à Beauvais*. — Pas possible, ça ne vaut pas un clou !

S. M. *à Paris*. — Braver l'honnêteté, même en français, à la *Jeune France*, c'est du toupet. C'est de la littérature de chaussons de lisière que vous nous envoyez là, jeune vieillard.

A. M. *à Villandraut*. — Avoir l'âme malade, c'est très bien ; mais ce qui est mieux c'est d'avoir lu plusieurs douzaines de milliers de vers quand on veut en fabriquer soi-même. On pourrait mettre votre âme à l'hôpital; il vaut mieux envoyer votre muse à l'école. Sans rancune et travaillez ferme.

A. S. *à Nevers.* — Si vous vous imaginez que nous sommes plongés dans le désespoir, il faut rayer cela de vos papiers, jeune homme. Nous avons, comme ça, des bardes de province qui nous ont longtemps inondés de poèmes épiques, s'imaginant qu'il suffisait de donner 12 francs par an pour faire imprimer des niaiseries. Ce ne serait vraiment pas cher. Ils se sont envolés ; faites-en autant, bon voyage ! Vous nous reviendrez quand vous aurez du talent. Ça pourra être long.

X... *à Paris.* — L'homme qui rédige le *Bulletin bibliographique* n'a certes pas la prétention d'avoir votre génie. Il se contente de n'être pas un idiot. Vous n'auriez pas tort d'en faire autant ; mais ça n'est pas donné à tout le monde...

Etc., etc.

Comme d'un premier article on ne saurait attendre la gloire ni même la notoriété, celui-là ne valut à son auteur que cet avantage considérable : l'amitié d'Auguste Vacquerie. Le « père de *Tragaldabas*, » comme disait Allenet, écrivit au jeune lorrain pour lui persuader de venir achever ses études à Paris. Il voulait absolument le présenter à

Victor Hugo ; mais Barrès était timide et c'est seulement beaucoup plus tard qu'il consentit à approcher le grand lyrique.

Donc à partir du 1er janvier 1882, Maurice Barrès, étudiant près de (disons plutôt : loin de) la Faculté de droit de Nancy, fait partie de la *Jeune France*.

Nous retrouvons son nom au sommaire du numéro d'avril ; l'article, intitulé *Un mort de la « Jeune France »*, est un touchant hommage à la mémoire de Charles Hugo, le fils aîné du poète, mort en 1871. Puis au fascicule de juin, c'est une nouvelle d'un sentiment poignant, *le Chemin de l'Institut*, écrite, semble-t-il, un peu sous l'influence des Goncourt; l'auteur y semble accorder une grande importance au décor, qu'il brosse d'ailleurs avec une remarquable expression artistique ; mais on n'y prévoit pas l'écrivain des années prochaines qui en deux mots *situera* son sujet dans une intense réalité de couleur, pour ne plus s'attacher qu'à l'idée. Il faut y reconnaître d'ailleurs une maîtresse page de début dont l'auteur des *Déracinés* n'a pas à rougir.

C'est vers le même temps qu'il entra en relations avec Leconte de Lisle et Anatole France ; ces maîtres vénérés de la jeunesse studieuse étaient à cette époque bibliothécaires au Luxembourg ; Albert Allenet qui, chef d'un service administratif au Sénat, les voyait souvent, leur apporta des manuscrits de Maurice Barrès : ils lurent et déclarèrent que c'étaient là des témoignages d'une intelligence extraordinaire, que l'auteur de tels essais n'avait pas le droit de se soustraire à sa vocation et qu'il devait venir à Paris pour se consacrer à la littérature. — Quand plus tard Barrès débarquera dans la capitale, il trouvera chez ces maîtres (et particulièrement chez Leconte de Lisle) plus que des encouragements et des marques d'intérêt, — une paternelle amitié.

... Et puis juillet, août, septembre, octobre, novembre passent : plus de Barrès à la *Jeune France*.

Enfin, au numéro de décembre, dans la Petite Correspondance de la couverture, cette note du directeur sans doute destinée à Stanislas de Guaita.

S. de G., *à Nancy*. — Retrouvé le manuscrit R. Voulez-vous qu'on vous le renvoie ? Et les belles choses promises ? Il faut m'envoyer des chefs-d'œuvre. Je ne suis pas content : la section de Nancy ne va pas. J'aperçois là-bas, dans un coin, le nommé M. B. qui flâne à poings fermés. Ça ne peut pas durer comme ça !

Mais non, il ne flânait pas : il préparait ses malles.

En effet, sitôt expédié son premier examen de droit, en juillet, il était retourné à Charmes pour y passer le reste de l'année.

Et en janvier 1893 il arrivait à Paris pour, selon la volonté de sa famille, y achever d'approfondir les pandectes.

Fit-il un peu de droit à Paris ? Oui tout de même, car il me semble avoir entendu dire qu'il obtint le grade de licencié ; mais nous ne lui ferons pas l'injure de croire qu'il y accorda beaucoup de temps. Il était cette année-là fort absorbé par la préparation d'un volume de nouvelles sur lequel il fondait beaucoup d'espérances. Outre le *Chemin de l'Institut* le recueil devait comprendre des morceaux intitulés *Les héroïsmes superflus*, *Deux misérables*, *Nouvelle pour les rêveurs*, et une autre nouvelle traduite de l'espagnol, etc. Et ce devait être intitulé : *Le départ pour la vie*.

Ses articles se faisaient de plus en plus rares à la *Jeune France*. Nous n'en trouvons plus que deux. L'un est de février 1883, consacré à M. Anatole France. Mais quel immense progrès depuis l'étude sur Vacquerie ! Celle-ci est d'une admirable puissance d'analyse, d'une forme déjà magnifique, dégagée de toutes les conventions scolaires ; les lecteurs de la *Jeune France* durent probablement croire à une mystification quand ils lurent au bas d'une page une note de la rédaction avertissant que l'auteur n'avait pas vingt ans !

L'autre article, dans la livraison de juin, est un bref éloge de Théodore de Banville prosateur, « ce génie dont le crâne, admirablement nu, exprime un parfait mépris pour l'art des coiffeurs, en même temps qu'il est une perpétuelle épigramme pour la race chevelue des jeunes poètes... »

Il est probable que ces années 1883-1884, Barrès les employa à semer sa prose dans les jeunes revues parisiennes ; mais le moyen de réunir ces belles choses éparses ? Et le pourrait-on, à quoi bon, puisque nous ne pouvons tout reproduire ? Nous savons seulement qu'il ne put trouver d'éditeur à son *Départ pour la vie* (1). Bien plus, Leconte de Lisle lui-même ayant envoyé et chaleureusement recommandé à Mme Adam *Les Héroïsmes superflus* (« Toujours triste, Amaryllis ! ») — cette harmonieuse fiction alexandrine qui paraîtra dans les *Taches d'encre* et plus tard dans *Sous l'œil des Barbares* avec le titre : « *Désintéressement,* » — Mme Adam jugea cette prose indigne de la *Nouvelle Revue* et en refusa l'insertion.

Alors Barrès, puisque les éditeurs ne voulaient pas l'imprimer, résolut de s'im-

---

(1) Pour cette même raison une série d'essais sur le *Nihilisme contemporain*, rédigés vers cette époque, et plus tard annoncés dans les *Taches d'encre*, n'ont jamais paru.

primer lui-même. Et il fonda les *Taches d'encre*.

Les Taches d'encre, gazette mensuelle par MAURICE BARRÈS. — Brochure de luxe, format in-18 jésus, de cinquante à cent pages environ (*sic*) devant paraître le cinq de chaque mois, du 5 novembre 84 au 5 octobre 85. — Le numéro : un franc.

Les *Taches d'encre* n'auront que douze numéros et pas de collaborateurs.

Pour tout ce qui concerne l'administration, les abonnements, annonces, réclamations et la rédaction, s'adresser à M. MAURICE BARRÈS, 76, rue Notre-Dame-des-Champs, Paris.

Telle se présentait, à la date du 5 novembre 1884, la première livraison du nouvel organe.

On se rappelle la façon ingénieuse dont il la lança.

Mme Clovis Hugues, diffamée par un nommé Morin, venait de le tuer au Palais de Justice d'un coup de revolver ; le soir même des hommes-sandwich sillonnèrent les boulevards, promenant des affiches ainsi conçues :

MORIN

NE LIRA PLUS

LES « TACHES D'ENCRE. »

Malgré cette sensationnelle publicité où je ne reconnais pas Barrès, totalement dépourvu du génie de la réclame, — ce premier fascicule n'eut aucun succès. La critique l'ignora, sauf M. Jules Claretie qui, dans sa *Vie à Paris* du *Temps,* lui consacra ces trois lignes :

« Je reçois une petite brochure intitulée *Taches d'encre* et signée Maurice Barrès. Ce nom ne vous dit rien? Retenez-le : il deviendra célèbre. »

Encore, M. Claretie qui réunissait au bout de l'an tous ses articles en un volume, jugea-t-il convenable d'en retrancher sa judicieuse prophétie.

Vu l'accueil peu encourageant fait à ce premier numéro, le rédacteur ne s'empressa guère de faire paraître le second à la date promise. Il s'excusa dans une préface ironique.

Le troisième se fit encore désirer plus longtemps ; d'où cette note liminaire :

> La Rédaction ayant eu la grippe, ce numéro, comme les précédents, subit un retard.
> Nous comptons nous astreindre rarement à la date fixée. Nous paraissons tous les mois, *vers le cinq*.

Nous ne pouvons malheureusement nous attarder à analyser chacun des articles de la curieuse gazette ; notons pourtant, dans ce troisième numéro, une effroyable tromperie sur la marchandise. Il s'agit de la nouvelle traduite de Filippe Daiguo. Apprenez donc, lecteurs crédules, que vous avez été indignement joués ; Filippe Daiguo n'a jamais existé ; cela dévoilé, si vous avez bon caractère vous allez bien rire en relisant la préface :

> Nous traduisons partie d'une nouvelle publiée il y a peu, dans la *Revista nova*, organe du mouvement littéraire jeune au Brésil et au Portugal (1).
> Avec des maladresses évidentes et une substance intellectuelle assez pauvre, cette nouvelle qui rap-

---

(1) Nova libraria Internacional, Lisboa, 96, rua do Arsenal. (*Note de la rédaction des « Taches d'encre. »*)

pelle de près nos plus sentimentales romances en même temps qu'elle trahit l'influence de l'effort naturaliste français, valut à son auteur, S. Filippe Daiguo, jeune magistrat brésilien, une suspension de ses pouvoirs. Au bout de quelques semaines, il fut réintégré, grâce à une pétition des plus éminents littérateurs portugais, espagnols et brésiliens.

Et pour comble de toupet, il ajoute :

La presse en fit grand tapage.

Quant à la quatrième livraison, il est visible que « la Rédaction » s'en est désintéressée. Les *Héroïsmes superflus*, — ce fameux chapitre du futur *Sous l'œil des Barbares*, qui depuis un an se morfondait au fond d'un tiroir, — escortés d'une légère « gazette du mois » et de quelques « moralités » en font l'affaire. Encore le gérant abuse-t-il de la latitude qu'il s'est octroyée dès le principe de fournir à chaque numéro « de cinquante à cent pages... environ » ; ce quatrième n'en comprend que quarante.

Et puis c'est fini ! les *Taches d'Encre* ne paraîtront plus. J'imagine que leurs lecteurs (en eurent-elles en ce temps-là ?) ont dû les regretter ; d'autant plus que le rédacteur commençait à se civiliser : il s'était assuré des annonces (cours de piano, de littérature etc.) et même un « Bulletin financier » ; il est vrai qu'à ce « Bulletin financier » il n'eut pas été très prudent de se fier, Barrès continuant à s'affirmer, en tête de chaque numéro, le seul rédacteur de la publication.

Si les *Taches d'encre* ne portèrent pas bien loin le nom de leur auteur, la faute en revient pour la plus grande part à l'éditeur. Car Barrès, en assumant à lui tout seul la rédaction de son périodique, avait voulu se décharger de toute préoccupation administrative et il s'était assuré un éditeur : un jeune homme frais émoulu du service militaire qui se prétendait une irrésistible vocation de vulgariser les idées de ses contemporains.

Cet autre débutant accepta donc de publier la « gazette mensuelle ». Il se fit d'abord remettre l'argent nécessaire à l'impression, puis l'argent indispensable pour le service de presse et les envois aux libraires de province.

La Rédaction, ayant écrit et payé, jugea son devoir accompli et, royalement, se désintéressa de l'affaire.

Quand le quatrième et dernier numéro fut paru, Barrès s'en fut pourtant chez son éditeur réclamer les invendus; celui-ci, imprudemment, lui fit voir le stock considérable... Barrès compta et avec stupéfaction constata que vente, dépôts et service de presse compris, onze exemplaires manquaient au tirage intégral de chaque numéro, — les dix réclamés par le rédacteur pour ses hommages personnels, plus un : celui de Claretie probablement...

L'éditeur avait borné son rôle à encaisser l'argent et à dépêcher les *Taches d'encre* dans sa cave.

Depuis, elles ont été enlevées d'enthousiasme et les collections en valent très cher aujourd'hui, — celles surtout dont Barrès, à l'aide de sa fine plume, a moucheté les couvertures de taches d'encre d'une très belle venue (non signées cependant).

DES BARBARES AU PALAIS BOURBON

Donc ces quatre fascicules d'essai qui, produits dans des conditions plus favorables à leur mise en lumière, eussent sûrement forcé l'attention du monde littéraire et fait sacrer leur auteur, selon la formule, « écrivain de grand avenir, » ne révélèrent pas Maurice Barrès. On cite souvent l'auteur des *Déracinés* comme un type de « rapide arrivé », la légende veut que les déboires inséparables de tout début dans la carrière des lettres lui aient été épargnés : c'est le contraire qui est vrai et son exemple peut servir à prouver qu'il ne suffit pas, pour être célèbre du jour au lendemain, d'écrire des chefs-d'œuvre.

« Après les *Taches d'Encre*, écrit Jean Moréas, Barrès donna à *La Vie Moderne*, à la *Revue Illustrée*, à la *Revue des Lettres et des Arts*, au *Paris Illustré*, etc., des pages savantes et spirituelles tour à tour. Dans le *Voltaire*, il se révéla chroniqueur brillant et combattif... »

Qui retrouvera les beaux articles qu'il

dispersa dans ces feuilles d'alors et dont l'ensemble serait si précieux pour établir par quelles étapes successives il parvint à la découverte du « Moi » ?

On nous a procuré la collection complète d'une revue mensuelle qu'il fonda en novembre 1886, de concert avec M. Charles Le Goffic et qui est aujourd'hui bien injustement oubliée : les *Chroniques*. Barrès y donnait régulièrement une spirituelle « Chronique de Paris, » et les noms qui suivaient étaient ceux Le Goffic, Jules Tellier, Verlaine, Jules Lemaître, Paul Bourget, Henry Bérenger, Hugues Le Roux, etc. Elle vécut juste une année ; j'imagine que sa disparition dut étonner car, à l'inverse des *Taches d'Encre*, jusqu'au dernier numéro elle augmenta le nombre de ses pages et multiplia celui de ses rédacteurs... Mais Le Goffic, devenu agrégé de l'Université, voulait travailler à son doctorat et Barrès, frappé de surmenage cérébral, était condamné au repos par son docteur.

C'est vers la fin de janvier 1887 que le cerveau de Maurice Barrès fut mis en interdit par les médecins ; l'atmosphère parisienne menaçait de désagréger ses méninges : sous le ciel bleu du Midi seulement ils se pouvaient recoaguler. Le malade s'en fut donc en Italie, où il travailla comme par le passé, et c'est là-bas qu'il jeta les plans, réunit les idées maîtresses, écrivit les pages principales de Sous l'œil des Barbares ; quand il revînt à Paris, en avril, son manuscrit raturé sur toutes les plages méditerranéennes était presque entièrement terminé.

La *Revue contemporaine* venait de paraître sous la direction de MM. Emile Hennequin (aujourd'hui mort), et Adrien Renacle (enfermé comme fou) ; elle fit appel au convalescent, qui offrit son œuvre nouvelle. On la lut, — et on la lui renvoya : ça manquait d'intérêt ; une autre *machine* de qualité plus banale ferait mieux l'affaire. Cependant, pour lui faire plaisir, — et après tout il fallait bien ménager un collaborateur auquel ses amis prédisaient un bel avenir, — on consentit à insérer un chapitre.

Barrès ne s'arrêta pas à ce mauvais augure ; il cherchait un éditeur et il le trouva. *Sous l'œil des Barbares* parut avec l'estampille de l'homme qui bêche en fin 1887 (1). Presque immédiatement, il eut des difficultés, je ne sais de quel ordre, avec M. Alphonse Lemerre ; il semble même que l'édition ait été retirée. Elle ne figure pas sur les catalogues. En tous cas l'auteur n'en dut éprouver aucun désespoir : à l'exception de quelques jeunes revues et de journaux bien intentionnés mais sans autorité ni compétence, la presse s'entêtait à méconnaître l'œuvre, la critique à l'ignorer.

Il repartit en Italie.

Sous l'œil des Barbares, c'était condensées en une prose enveloppante et nuancée, d'une saveur inédite, cinq années d'expériences désabusées, de susceptibilités froissées, d'émotions étudiées ; la résultante de toute une jeunesse rêveuse et subtile.

(1) C'est donc inexactement que cette première édition porte la date de 1888.

Après l'insuccès immérité des premiers essais, l'avortement de l'œuvre si amoureusement ciselée eut découragé tout autre mais lui, la sachant bonne puisque sincère et nouvelle, persuadé que tôt ou tard on devrait lui rendre justice, il se dit simplement que c'était là un fâcheux contre temps, un retard très désagréable.

La pensée ne lui vint pas que peut-être son Idée devait n'être comprise jamais et qu'il serait prudent de brûler ce qu'il avait adoré pour adopter une éthique plus facilement populaire.

Le doute et le découragement eurent si peu de prise sur cet énergique, qu'immédiatement il s'occupa de donner à ses *Barbares* une suite, — qui fut, plus tard, *Un homme libre*.

Un de ces jours d'ennui et de sècheresse qu'il décrivit si bien dans ses livres, il se trouvait à Venise [1] dans le grand hall d'un

[1] Il avait loué à Venise un appartement situé *Fondamenta di Bragadino*, sur le quai d'un canal qui va de l'Académie des Beaux-Arts au canal Jiudecca.

hôtel ; isolé, désœuvré, ses cigares lui étaient d'une fadeur écœurante ; leurs volutes bleues n'exaltaient pas les précieux enthousiasmes qu'il se plaisait à étudier, et son impuissance l'accablait. Machinalement, il saisit sur une table voisine la hampe d'un numéro du *Journal des Débats*. Il le déroula et lut avec stupéfaction, en tête du premier-Paris, son nom. Un éloge émerveillé de *Sous l'œil des Barbares,* signé Paul Bourget.

Le grelot était attaché ; les critiques se souvinrent subitement avoir reçu des exemplaires, et déclarèrent qu'en effet le livre de ce jeune homme était très particulier ; les revues jeunes adorèrent ; Francisque Sarcey se vanta de n'y voir goutte et en profita pour éreinter l'auteur avec le volume : dès lors le succès fut complet.

En quinze jours, Barrès était devenu célèbre.

Nous verrons plus loin comment, dès ces débuts, Maurice Barrès s'affirmait le chef attendu par la jeunesse lettrée, rénovateur de procédés littéraires ineptes et surannés, créateur d'une philosophie nouvelle et vraiment libératrice de l'esprit.

Tout de suite il eut des ennemis. Ils accordèrent que le jeune maître excellait à tirer dans une obscurité assez agréable des fusées de paradoxes à la vérité ingénieux, mais qu'il était convenable tout au plus pour les badauds de s'attarder à la contemplation de tels feux d'artifice, simplement bizarres et, — s'ils étaient destinés à durer, — bientôt monotones et fastidieux.

Une série d'articles fort commentés vint à point démontrer que Barrès n'était pas l'homme d'une seule idée et qu'il était destiné non à lancer des fusées, mais à projeter de grandes nappes de lumière.

La crise boulangiste commençait à échauffer les esprits. Barrès envoya, de Venise, à la *Revue Indépendante* des pages sur le boulangisme qui firent sensation ; la situation morale plutôt encore que politique du pays y était envisagée avec une merveilleuse netteté. Francis Magnard lui demanda des articles pour le *Figaro* ; ce furent les « Notes d'un lettré mécontent. » L'auteur en réunit plus tard quelques uns en une brochure intitulée *Boulangisme*, mais, toujours à la suite de démêlés avec son éditeur, il détruisit l'édition avant la mise en vente ; un seul exemplaire en subsiste portant cette mention manuscrite :

> Cette brochure était tirée et allait être mise en vente quand je m'y suis refusé à la suite de la mauvaise attitude de l'éditeur qui croyait pouvoir peser sur moi en escomptant l'intérêt moral que j'avais à publier les idées ci-contenues. Il n'en fut donc sauvé que cet unique exemplaire. Il n'en reste pas d'autres. — M. B.

De cette plaquette nous avons pu copier les pages suivantes qui sont en quelque sorte la préface. Elles serviront utilement à faire connaître le ton des articles de Barrès vers cette époque :

> En 1880, nous avions dans le lycée de province où je terminais mes études, un professeur infiniment distingué. Il remplissait nos esprits des plus brillantes hypothèses de la pensée contemporaine ; il fortifiait nos jeunes ambitions dans des entretiens amicaux et graves. Tous ses élèves furent consternés quand,

un peu pâle d'émotion, il nous apprit qu'un ministre l'appelait à Paris. La dernière classe fut une belle causerie. A chacun de nous, cet homme supérieur indiqua la carrière où nous pourrions nous honorer. Comme il aimait à ne décourager personne, il me parla de la vie littéraire. Tous nous étions debout, quand solennellement il nous assura qu'à quelque heure de la vie que nous l'abordassions il se souviendrait de cette année de noble amitié.

Quatre ans plus tard, j'étais à Paris, et nous publiions avec quelques camarades la *Revue Contemporaine*. Nous gardons une certaine fierté de ce recueil où Rod publia son admirable *Course à la Mort*, Hennequin ses critiques scientifiques, Caraguel un *Vallès* très fort, Jean Moréas, Jean Lorrain, Morhardt, Charles Morice, des vers qui ont fait école, Paul Adam, Reinacle, G. Sarrazin des pages savantes ou précieuses. Il fallait aller jusqu'au public. Chacun de nous utilisait ses relations. Mon ancien professeur, devenu député, presque ministre (1), considérable dans diverses feuilles, me reçut affectueusement :

— Comment, me dit-il, votre revue ne renferme-t-elle pas une chronique politique ?

— Nous sommes des artistes simplement, qu'agite peu la chose publique.

— Des jeunes gens de valeur et d'énergie peuvent-

---

(1) On a deviné qu'il s'agit ici de M. Burdeau. On remarquera quelle analogie existe entre ce récit et le début des *Déracinés*. (*Note de l'auteur.*)

ils négliger leur devoir qui est de contribuer à l'éducation nationale ?

— C'est que nous n'avons de talent et d'entrain que pour les belles phrases et les idées pas vulgaires.

— Voilà qui est peu !

— ... Nous croyons, laissez-moi vous le dire, que si nous réussissons à mettre sur pied deux cents pages élégantes et pleines, chaque mois, nous aurons mieux servi notre pays qu'en faisant le maître d'école.

— Le maître d'école, monsieur (et il se leva), je le tiens supérieur au plus grand artiste qui s'enferme dans son œuvre. La génération que vous êtes inquiète les francs républicains : ceux de naissance — et ceux même de raisonnement, que je n'aime guère. On vous voit une secrète aristocratie de pensée ; cela est malsain. L'école primaire d'un petit village est supérieure au bureau de revue où l'on ne se plait qu'à orner des rêves.

... Cet esprit d'une merveilleuse culture, dans la fièvre de son intrigue politique, en quelques années, s'était desséché jusqu'à n'être plus qu'un fanatique. Je le dis avec netteté : le livre, la parole, toute la pensée humaine, pour lui, n'ont plus d'autre but que de produire des électeurs.

Ce n'est pas un cas particulier. Nos hommes politiques en arrivent à croire qu'apprendre la règle de trois et donner une vague idée de l'évolution à mille individus est un résultat infiniment plus important qu'une expérience de Claude Bernard ou qu'une statue de Falguière. L'erreur épouvantable ! Un peuple est plus certainement grand si l'un des siens arrive à une belle découverte scientifique que si le nombre des citoyens sachant signer leur contrat de mariage est augmenté de 2 %. Ce qui est indispensable à la France, c'est qu'un Taine, un Berthelot, un Puvis de Chavannes existent.

... Savants, artistes et professeurs du haut enseignement savent bien que la liste est inépuisable des injures faites à la haute culture par deux mille médiocres qui assourdissent et déshonorent la troisième République.

Les barbares ont si fort maltraité nos maîtres que ces grands esprits lassés n'ont plus confiance en quelque changement que ce soit. Qu'ils continuent à s'attrister sans agir, soit ! Leur amertume nous enseigne suffisamment quelle attitude joyeuse nous devons prendre devant les soubresauts de ce parlementarisme qui agonise.

* *
*

Bavards du Palais-Bourbon, il vous plait d'affirmer au peuple que vous fûtes martyrs sous l'inquisition, martyrs à la Bastille, héros en 93 et martyrs sous Napoléon III ; mais cela prouve simplement que vous avez la vie très dure et que, cette fois-ci, il convient de s'appliquer avec un soin minutieux à vous étouffer définitivement. La jeunesse intellectuelle y veillera.

L'ardeur de ce jeune philosophe clairvoyant et combatif, dont un public choisi faisait grand cas, avait attiré l'attention du général Boulanger, qui pria Laguerre de solliciter sa collaboration à la *Presse*. L'année suivante — exactement le 1er janvier 1889, — invité par des personnalités lorraines à prendre la direction d'un journal nancéien, le *Courrier de Meurthe-et-Moselle*, il accepta et vint à Nancy installer comme rédacteur en chef de son organe M. Paul Adam. Il paraît que ce ne fut pas sans difficultés; témoin l'article que nous trouvons dans le *Figaro* à la date du 10 janvier 1890 et dont nous détachons les passages suivants :

J'ai une ou deux idées, deux ou trois sentiments que l'ordre des choses actuel ne satisfait pas. Il en résulte que j'aime le général Boulanger ; ce qui s'appelle être révisionniste.

Je pourrais me contenter de discuter tous les soirs, une heure ou deux, sur la meilleure des constitutions, mais je suis naturellement doué pour rédiger mes opinions...

Des citoyens de l'Est me firent l'honneur de m'appeler dans leur région où l'opportuniste est encore intact. Précisément, à Nancy, le rédacteur oppor-

5

tuniste du *Courrier de Meurthe et Moselle* est un libraire qui, très fatigué de son double commerce, cherchait à se défaire de son journal. Le prince Edmond de Polignac et moi nous accueillimes ses propositions. Et, au 1er janvier, j'arrivai passer quelques jours à Nancy pour installer au journal mon ami Paul Adam.

Manifestant une vive joie de ce qu'il pouvait se consacrer exclusivement à la vente de ses maroquins de nouvelle année, M. Sordoillet nous céda la place. Je m'étais assuré la collaboration d'écrivains parisiens ; le concours des groupes révisionnistes de la Meurthe-et-Moselle, de la Meuse et des Vosges ne me fit pas défaut et nous publiâmes trois numéros. Puis un samedi, vers midi, je dis à Paul Adam : « Le journal d'aujourd'hui est bâti, les épreuves corrigées ; allons patiner tout le jour et dîner à la campagne avant que je reparte pour Paris. »

Quelle ne fut pas au soir la stupeur de nos amis ! en première page du journal, au lieu des justes quolibets antiparlementaires qu'ils attendaient, s'étalait un article violemment antiboulangiste. On m'appela, j'accourus, j'appris qu'un individu, sitôt notre départ, s'était introduit dans nos bureaux, avait imposé aux lieu et place de notre bulletin une longue tartine (simplement copiée dans le *Temps*), puis avait pour toute explication glissé dans un coin du journal cette phrase singulière, pareille à celles qui harcèlent le fou dans ses pires cauchemars : « La politique ne veut pas me lâcher. » Et, signe plus particulier de démence, l'inconnu avait ajouté : « Inutile de donner des explications. »

J'accorde que cette dernière phrase, au cas particulier, dépassait en comique tout le répertoire des Chivot et Duru. Aussi, je l'avoue, je me crus halluciné. « Mais c'est un dément, » disais-je. — « C'est un opportuniste », me répliquèrent avec un grand sens les Nancéiens. Je voulais prévenir un médecin, ils allèrent chercher le gendarme. Cependant nous frappions à la porte close de mes bureaux. L'inconnu fit le muet ; on n'entendait que des papiers froissés et un léger souffle d'enfant : c'était mon prédécesseur opportuniste...

Nous allâmes devant le juge. J'entendis un avocat déclamer ses souvenirs anecdotiques du 2 décembre ; et un avoué me fatigua par l'intempérance de sa mauvaise éducation.

Au reste, après trois jours, je fus triomphalement restitué dans mon journal et dans ma correspondance, que mon impérieux suppléant avait tout à fait négligé de me faire tenir.

... J'invitai M. Sordoillet à m'exposer les mobiles de son acte. Lui et son conseiller, un notable opportuniste du lieu, je les reçus dans mon cabinet :

« Avouez, me dirent-ils, avouez que c'était un tour audacieux. » La franchise de ce début m'enchanta. Ils me firent savoir qu'ils étaient prêts à aller en appel, à traîner le procès au-delà des élections générales ; ils s'adressèrent à mon bon sens. « Vos droits, disaient-ils, sont incontestables ; mais la dépense nous importe peu ! Que vous allez avoir de difficultés ! Le tribunal, dans la suite, vous accordera des dommages-intérêts ! Sans doute. Mais en serez-vous bien avancés s'il vous faut renoncer à faire paraître votre journal précisément à cette heure de lutte ? »

C'est ainsi qu'ayant triomphé près du juge, je suis pourtant contraint de transiger avec les ingénieux opportunistes de Nancy...

... J'ajouterai que l'homme de goût se consolerait avec peine d'être privé de l'anecdote que j'ai contée, où des journalistes fortifient leur escrime d'une savate aussi particulière.

Entre temps, il faisait paraître sa brochure *Huit jours chez M. Renan,* un chef-d'œuvre de critique ironique et de fine observation qui eut un succès énorme. Renan, mal informé sur le caractère de l'auteur, s'offensa et dans un banquet celtique protesta non sans amertume contre le tour que lui jouait un prétendu disciple. Plus tard, édifié sur les intentions de Barrès, il revint à de meilleurs sentiments et apprécia comme il convenait la délicate et spirituelle fantaisie. Cette plaquette devait être la première d'une série intitulée

« Les Dialogues Parisiens »; celles à venir auraient eu pour titres : *Le Banquet*, *M. Taine en voyage*, etc. Mais l'expérience ayant fait craindre au jeune écrivain que des personnages qu'il aimait ne fussent froissés de telles boutades, il résolut de ne pas les publier (1).

Et tout cela ne l'empêchait pas de mettre la dernière main au second volume de la trilogie du Moi, *Un homme libre*, qui parut dans les premiers mois de 1889. Ah! les médecins en virent de drôles avec leur « anémie cérébrale! »

L'époque approchait des élections législatives où deux partis puissants allaient se donner mutuellement l'assaut. Des Nancéiens influents vinrent à Barrès et lui proposèrent de s'engager comme champion dans la bataille prochaine ; des groupes populaires le pressaient d'accepter et de porter sur un terrain réel la lutte qu'il avait si

---

(1) Quelques fragments cependant de la plaquette projetée sur M. Taine ont été refondus dans un chapitre de *Du sang, de la volupté et de la mort*. (*Les Jardins de Lombardie*).

bien commencée dans les domaines de l'idée. Dure perspective, car l'opportunisme s'était solidement installé dans le pays et déjà il rugissait comme le tigre qu'on fait mine de vouloir déranger de sa curée ! Barrès n'hésita pas : il pensa que de toutes les méthodes d'action celle-là était la meilleure puisqu'elle lui permettait de servir ses idées en même temps que son pays ; de plus c'était l'occasion d'une lutte en elle-même assez passionnante...

Quelques mois après, à la suite d'une campagne menée avec une énergie qui est demeurée légendaire là-bas, il était député de Nancy.

CES DIX DERNIÈRES ANNÉES

Les vingt-cinq ans du nouveau député, l'importance de la circonscription qui l'avait élu, le prestige d'un nom déjà célèbre dans les lettres, firent de son entrée à la Chambre un évènement parisien. Il y arriva un bras en écharpe, à cause d'un coup d'épée reçu quelques jours auparavant, — dernier souvenir d'une campagne turbulente, — et ce petit détail défraya la chronique.

Mais le groupe boulangiste par son petit nombre était voué à l'impuissance, sinon au silence. Barrès ne put aborder la tribune aussi souvent qu'il l'eût désiré ; tout au moins les quelques fois qu'il parla sut-il se faire écouter (1).

Ses adversaires ne pouvaient lui refuser la tribune du journal. Quelques articles sur la terreur panamiste à la Chambre, publiés dans le *Figaro* sous le titre de *Leurs figures*, sont restés célèbres dans les annales du journalisme ; Francisque Sarcey lui-même les comprit et il déclara que depuis Saint-Simon la littérature française n'avait pas produit de pages aussi vigoureusement burinées.

Toutefois la vie active n'absorbait pas complètement le député. Il donna en 1890 (2) son dernier volume d'études du Moi : le *Jardin de Bérénice*, dont la délicatesse profonde gagna même la foule de ceux qui ne pouvaient en apprécier le sens symbolique.

Ce petit livre tendre et touchant devint

(1) Voir plus loin § *Pourquoi il voulut être député*.
(2) La première édition porte à tort la date de 1891.

bientôt pour les mondaines, les petites femmes élégantes, le manuel à la mode. Je ne pense pas, du reste, que l'auteur l'ait écrit en vue de ce public spécial, qu'il ne dédaigne ni ne recherche. Barrès a été sûrement plus touché d'apprendre que l'impératrice d'Autriche en avait fait son livre favori, qu'elle le savait presque par cœur et y recourait souvent.

Puis ce furent des brochures très minces, mais essentielles pour l'intelligence du Moi : *Examen des trois volumes* (janvier 1891) ; *Trois stations de psychothérapie* (1891) ; *Toute Licence sauf contre l'amour* (1892).

L'Ennemi des lois, publié en 1892, eut un succès moindre près du grand public, — à cause probablement d'un développement de doctrines en faveur desquelles il est mal prévenu.

Aux élections de 1893, il ne sollicita pas de ses électeurs de Nancy le renouvellement de son mandat, mais posa sa candidature à Neuilly, où il arriva en tête au premier tour et échoua de 45 voix.

Cet échec ne le fit pas renoncer à la

politique. Quand on a des idées à propager des doctrines à combattre, tous les moyens honorables sont bons, pourvu qu'on réussisse. Le chemin du Palais-Bourbon lui étant barré, il prit celui du théâtre. Ceux même qui sont étrangers aux évènements des lettres ont encore présents à la mémoire l'émotion que causèrent dans le public en février 1894, les triomphes que furent pour Maurice Barrès les représentations d'*Une journée parlementaire*, et les discussions que suscita l'interdiction, par le gouvernement, de ce terrible tableau des mœurs panamistes...

Un succès plus délicat l'attendait avec ce merveilleux bréviaire du dilettante : *Du sang, de la volupté et de la mort* où sont enfermées tant de délicates idées et de fortes couleurs.

Mais cette vie passive ne satisfait plus son besoin d'action. Le 5 septembre 1894, il prend la direction de la *Cocarde*. Ce journal « avec ses grands titres qui offensent le typographe classique, avec ses éditions successives, ses crieurs sur le boulevard, » lui fut un admirable instrument. Il y mena une vigoureuse campagne en faveur des idées de décentralisation et groupa autour de lui toute une élite de jeunes publicistes. Individualisme et solidarité, telle fut la devise du nouvel organe ; le but de son action fut de concilier ces deux termes où l'on a tort de voir une irréductible antinomie : l'individu et la collectivité, et c'est le système fédéral qu'il préconisait comme unique moyen de régénération sociale.

Les amis de Barrès ne lui pardonnaient pas de délaisser la littérature pour le journalisme ; après le sixième mois (6 mai 1895), ayant orienté vers des horizons précis une génération de jeunes idéologues et publié des doctrines qui depuis n'ont pas cessé de se développer dans l'élite, puis dans la foule, Barrès quitta la *Cocarde*.

Dès cette époque, il se passionna pour cette question de réorganisation nationale, — qui fut toujours sienne, du reste, même dès ses débuts — et il ne quitta le journal que pour se prodiguer en conférences. A Marseille, à Bordeaux, on le vit remporter des succès qui montrèrent combien les moyens qu'il proposait d'une renaissance nationale répondaient aux vœux et aux besoins de la province.

Et ce sont encore les mêmes idées qu'il exprime sous une forme moins abstraite dans le « Roman de l'Energie nationale ». Le premier volume de cette nouvelle trilogie, paru en 1897, les *Déracinés,* fit apprécier Barrès des profondes masses où n'avaient pu pénétrer (sauf peut-être le *Jardin de Bérénice*) les manuels trop spéciaux de la culture du Moi. C'était d'ailleurs comme un nouvel écrivain qui se révélait, non plus rêveur et ironique, mais remueur (ordonnateur serait plus juste) d'idées précises, enfermées dans des phrases d'une éloquence vigoureuse.

Puis c'est l'affaire Dreyfus ; des paquets d'articles de journaux, dont un entre autres, le premier de la série, sur le rôle des « intellectuels » dans l'affaire lui valut les injures de tout le camp révisionniste. Ah! les petits amis, comme depuis ce jour-là ils ont été tendres pour leur maître, et touchants de reconnaissance, et désintéressés dans leur débauche de philosophie !...

Arrive l'année 1898 et la période électorale... Mais n'anticipons pas.

HABITUS ET INGENIUM

Ceux qui ne font qu'entrevoir Barrès peuvent le juger altier et d'un abord peu facile. Son aspect, ses manières, sa voix même ont quelque chose de froidement correct et hautain dont rarement ils se départent. Si j'ajoute que toujours il s'habille d'une façon à la fois correcte et très élégante, et que les plus grandes catastrophes ne sauraient troubler sa belle impassibilité, vous comprendrez que maintes fois il ait été pris pour un Anglais !

Mais tout cela n'est qu'une trompeuse façade. Barrès est hautain par nature, il n'est ni fat, ni « poseur » ; malgré son imperturbable dignité, il est essentiellement avenant et communicatif; bien plus : je le crois incapable, non tant encore par principe que par tempérament, d'une minute d'affectation ; et c'est si vrai que, étant pourtant un mondain fort exercé à ce genre de sport, il ignore l'art de violenter ses antipathies par civilité; tant pis pour les « raseurs », si importants et si « à ménager » soient-ils. Que de fois, au cours de la dernière période électorale, l'avons-nous vu éconduire brusquement des électeurs influents, mais importuns, au risque de se les aliéner : ce qui arriva.

Par exemple, la réciproque est vraie et ceux à qui il témoigne de la sympathie n'ont pas à se demander jusqu'où il est sincère. Que nous voilà loin de l'insupportable morgue britannique !

Mais comment concilier cette irritabilité avec « l'impassibilité parmi les plus grandes catastrophes » dont je parlais tout à l'heure ?

A Champenoux par exemple (je tiens ceci de son unique compagnon, M. Gaston Save) assailli par une bande avinée proférant des cris de mort, frappé brutalement, roulé à terre, foulé aux pieds, pas une minute il ne perdit son sang-froid et quand il put enfin regagner sa voiture, tandis que les brutes dételaient les chevaux et tentaient de mettre le feu au véhicule, paisiblement il allumait un cigare. Le lendemain matin, c'est en souriant qu'il me raconta le guet-apens : « Comme c'est drôle ! disait-il ; évidemment je n'ai jamais vu la mort de si près, je l'ai sentie toute proche... et pourtant, pas un instant je n'ai eu peur ! »

C'est que si Barrès a un empire absolu sur son esprit, sa volonté, son raisonnement, il est incapable de commander à ses nerfs.

Et puisque nous faisons cette distinction, il n'est pas hors de propos d'établir en quoi consiste l'énergie. Barrès a fait des livres où cette vertu (doit-on dire prérogative ? Car pour éminemment susceptible de développement qu'elle soit, l'énergie n'en a pas moins quelque chose d'inné) est exaltée. Ses adversaires ont voulu paraître ironiques en l'honorant lui-même du titre qu'il octroie à Napoléon : « professeur d'énergie ». Mais, en vérité, que l'on considère avec quel orgueil il mène seul ses grandes entreprises (nouvelle esthétique en pleine vogue réaliste, campagne politique contre le gouvernement, etc.), sans jamais faire appel aux autorités de gouvernement, fonctionnaires, mandarins académiques, ni même aux autorités de situation, gros propriétaires, patrons industriels ; que l'on voie aussi les résultats auxquels il atteint, son influence littéraire plus considérable que celle de la plupart des gens d'Institut, et ses échecs électoraux même, égaux à des succès (car qu'est-ce que 50 voix à déplacer sur 20.000 électeurs ?) ; que l'on comprenne enfin, qu'il n'est poussé, dans les terribles luttes politiques où il s'est jeté, ni par le besoin de se faire un nom, ni par le désir de l'argent, ni même par la légitime ambition de propager ses idées, car ses amis ont souvent répété qu'il les servirait mieux par sa plume ; — on reconnaîtra dans cet homme le goût de l'effort, le besoin du risque, la recherche de la difficulté et de la contrainte. En ce sens, il est un passionné d'énergie, un exemple d'énergie : un professeur d'énergie.

COMMENT IL DIVISE L'HUMANITÉ

Barrès n'a pas de spéciale prédilection pour les pauvres. Mais il ne voit pas d'un meilleur œil les riches. Humbles ou puissants, millionnaires ou guenilleux, — ça lui est égal. Il divise l'espèce humaine en trois catégories :

        a) Les intelligents ;
        b) Les bandits ;
        c) Les crétins.

Les « intelligents » sont ceux qui possèdent de grandes ressources de compréhension et d'imagination.

Les « bandits » sont ceux qui, possédant ces ressources, en font un usage généralement détestable.

Les « crétins » sont les individus absolument dépourvus des dites ressources.

Il se complait avec la première catégorie,
méprise la seconde,
évite la troisième.

QUAND IL CAUSE

Ceci n'est pas un paradoxe :

« Si Maurice Barrès avait pu consacrer à chacun de ses électeurs dix minutes de conversation, il eût été élu à l'unanimité. »

Combien n'en ai-je pas vu, de ces hommes réputés « très forts, » venus pour connaître le littérateur, bardés de leurs convictions et de leurs préjugés comme d'une impénétrable cuirasse, partir charmés, conquis, dévoués.

Avec quelle élégance il sait vous les démolir, vos « convictions » !

— C'est un causeur aigu, disait Rodenbach.

— Maurice Barrès, le plus fin, le plus

rare, le plus exquis des causeurs, affirme M. Anatole France.

— Je crois qu'il enchanterait un auditoire de tigres, opine M. Byvanck.

PAS TRIBUN : CONFÉRENCIER

Son éloquence qui serait très appréciée au Parlement, comme elle l'est d'ailleurs lorsqu'il fait des conférences devant un public des deux premières « catégories » (vous vous rappelez : *a)* les intelligents etc...) est notoirement insuffisante pour les réunions électorales. Déroulède ou Mgr Turinaz conviendraient mieux.

Il le sait bien.

Le débit est monotone, les gestes peu variés. Mais les mots sont d'une rare précision ; les phrases se succèdent merveilleusement correctes et élégantes, solidement bâties ; les idées se développent naturellement, amenées par des raisonnements serrés, des déductions d'une logique irréfutable. Par ci, par là, des pointes d'une ironie fine et malicieuse, qui ne font pas rire, mais sourire avec ce petit frisson particulier que nous donnent les expressions d'un art délicat.

Cette éloquence n'est pas de celles qui soulèvent les foules ; elle est de celles qui font les solides convictions.

Ce n'est pas, croyez bien, que l'enthousiasme lui manque, mais sa voix est vraiment inapte, son imagination rebelle aux périodes enflées et rebondissantes des discours populaires.

Un jour que nous lui exposions ce grave inconvénient dont mieux que nous il se rendait compte, il dit : « Eh bien ! ce soir nous ferons une expérience : je veux dire des choses *quelconques*... mais avec un entrain de tous les diables... Vous me direz l'effet que cela produira... »

Ce soir-là, il dit des choses admirables, — mais il les débita beaucoup plus vite que d'habitude : une volubilité de tous les diables, voilà tout...

Jamais il ne prépare ses discours. Plus il improvise, plus c'est parfait.

QUELQUES « SIGNES PARTICULIERS »

Il est habituellement gai ; il rit volontiers ;

Travaille habituellement dans cette position : les jambes croisées, la cheville du pied droit ramenée sur le genou gauche. (... « sans crainte nous allongeons la jambe, ayant des chaussettes de soie très soignées. » (*Barbares*, p. 225) ;

Dans ses moments de perplexité ou « quand il cherche, » a cette autre manie : saisir de la main gauche les poils de sa lèvre supérieure pour tâcher de les mordre. (Jusqu'ici, bien entendu, jamais il n'y est arrivé).

Maintenant, pour les graphologues :

Barrès n'écrit jamais que la plume placée entre l'index et le majeur, la main complètement renversée.

SUITE DU PRÉCÉDENT

Il fume beaucoup de cigarettes Bastos, mais en cas de besoin, n'importe lesquelles...

Ne boit jamais entre ses repas ;
Adore les chiens ;
Fait de la bicyclette,
Et beaucoup d'escrime à l'épée.

D'ailleurs, vous le reconnaîtrez à ce signe : il n'est pas décoré.

OU M. RENAN PREND LA PAROLE

M. Renan. — Mais, qu'est-ce que tout cela peut faire à Syrius ?

— A Syrius, sans doute, cher Maître ; mais à nous autres...

BARRÈS LITTÉRATEUR

I

L'ÉCRIVAIN

LE STYLISTE

Il est incontestable que l'auteur de *Sous l'œil des Barbares*, du *Jardin de Bérénice* et des *Déracinés* soit un des plus parfaits stylistes de notre temps. Le génie même de la langue française le pénètre. Chose merveilleuse, son style n'est précisément d'aucune époque : les tournures en faveur au XVIIe ou au XVe siècle lui sont aussi familières que les plus récentes de ce qu'on appelle notre décadence. (Il dit, par exemple : « *Un publiciste a écrit des conver-*

sations de Gœthe avec Eckermann que, si elles n'avaient pas été tenues réellement, il faudrait les inventer. » Ou encore : « *Je te supplie que, par une suprême tutelle, tu me choisisses le sentier où s'accomplira ma destinée.* » Etc...

Et je ne pense pas que ces belles façons démodées soient des recherches d'érudit, — pas même des ressouvenances ; il les rencontre simplement parce qu'il a la tradition de la langue française, et parce qu'il a la plume élégante. Nul ne mérita moins l'épithète de décadent que lui prodiguèrent comme une insulte ses adversaires littéraires... et politiques !

Ses phrases sont gonflées d'idées comme les beaux fruits rebondis, bien colorés de maturité, ont leur épiderme craquelée par la pulpe abondante. Et son œuvre est bien un verger coquet où les arbres sont disposés en agréables et ingénieuses promenades, mais robustes et envahissants, abandonnés par le jardinier aux forces de la nature luxuriante.

Sa langue est à la fois souple et sonore, éminemment euphonique, d'un rythme plein et souvent imprévu. Jamais d'expressions banales : il a l'horreur du cliché ; et dans cette musique rien d'inutile : tous les mots portent. On éprouve à le lire le même frémissement de joie qu'à contempler une jolie créature ou un monument d'un art imposant et délicat.

Que nous aurions tous à profiter si nous prenions le temps de disséquer la phrase de Barrès, tant au point de vue de la plénitude du rythme que de la variété des images et de la propriété des mots (car plus qu'aucun contemporain il a le don du mot juste et pittoresque)!

Etudier les pages de *Sous l'œil des Barbares* et des *Déracinés*, quel salutaire exercice pour les jeunes gens qui veulent « écrire »!

* *

« Je possède encore, dit-il dans sa brochure sur *Stanislas de Guaita,* les cahiers d'expressions où j'ai dépouillé Flaubert, Montesquieu et Agrippa d'Aubigné pour m'enrichir de mots et de tournures expressives. Après tout, ce travail absurde ne m'a pas été inutile... »

Dernièrement je l'interrogeais au sujet de l'influence qu'avaient pu avoir sur son style ces cahiers d'expressions.

« Qu'ils l'aient doté d'éléments nouveaux, dit-il, je ne crois pas, car en les feuilletant je n'y retrouve aucune de mes expressions familières. Leur influence fut tout indirecte et c'est surtout, en ce travail, l'exercice d'assouplissement qui m'a servi. On se forme un style d'après son tempérament : les trucs sont toujours grossiers... »

Et comme j'insistais, il me dit avec un soupçon de sourire :

« La vérité est que je fus fort en version latine. »

En dépit du sourire, je crois qu'il parlait sérieusement.

POETE DE VIE

— On a dit que Barrès est un poète de la mort. Comme c'est faux! Il n'aime que les harmonies de couleurs violentes, les contrastes énergiques. Avez-vous remarqué que dans ses livres il ne descend jamais à s'attendrir sur les nuances pâlissantes, la splendeur atténuée des crépuscules ou les lointaines collines dont le bleu meurt parmi le lointain? Mais comme il dit bien les après-midis inondés de soleil, la puissance des cieux occidentaux, la silhouette aux arêtes énergiques des Tolède que les ombres en opposition dans les murs blancs dessinent sur la montagne comme une vigoureuse eau-forte!

Est-ce que ne voilà pas jusqu'à l'hyperbole des témoignages de vie? Ne sont-ils pas plus près de la mort ceux qui lavent à grande eau leurs paysages pour en atténuer les teintes, — et qui mettent leur amour dans des nuances qui s'éteignent?...

Tenez, cela va paraître enfantin, mais il m'a toujours semblé que l'âme de Barrès était fort bien symbolisée par son papier à lettre. Il n'eut garde d'adopter celui qu'eût pu affectionner Bérénice : un mauve très doux qui veut donner l'impression d'une nature exquisement tendre et sentimentale. Il a choisi un papier d'un bleu intense, presque crû, non pas une nuance mais de la couleur, le bleu des cieux implacables de Venise.

J'ai toujours trouvé ce papier de Barrès très expressif et touchant.

POURQUOI TOUT LE MONDE NE COMPREND PAS

Ceux qui ont décerné à Barrès l'épithète — qu'ils voulaient injurieuse, — de décadent, sont ceux qui furent incapables de le comprendre, car par décadent ils entendent généralement inintelligible.

Evidemment l'auteur des *Barbares* n'est pas appelé à devenir populaire à la manière de Marcel Prévost, mais il est inexact qu'il soit un « auteur difficile ». Les forts en thème et les négociants que leur état d'esprit (je généralise) éloigne de celui qui est étudié dans les manuels de la culture du Moi auront beau s'acharner à en creuser certaines pages, ils n'en saisiront pas le sens et c'est bien naturel. Ceux qui partagent intimement les façons de sentir de l'auteur ont bien, eux aussi, des moments de « sécheresse » où l'enchaînement subtil des idées leur échappe...

Quelquefois j'ai entendu de braves gens, qui accidentellement fréquentèrent le Maître, tenir des raisonnements tels que le suivant :

« N'y a-t-il pas là une contradiction flagrante ? Barrès qui, dans la conversation et dans les pratiques de la vie courante aime tant la précision, les situations nettes, les explications catégoriques, semble prendre soin, dans ses livres, d'envelopper sa pensée d'un nuage, d'éviter les mots explicites, les phrases précises qui la rendraient claire... Parfois on croit saisir le fil d'une explication, on s'attend à un mot qui va confirmer le soupçon et crac, une nouvelle clef s'impose, l'autre se perd, — tout est à recommencer ; finalement on se décourage, on n'y comprend plus rien. Il semble pourtant qu'il y aurait moyen d'exprimer toutes les choses qu'il écrit de façon claire et nette : la lecture en serait davantage passionnante... Certainement il ne le veut pas. Pourquoi ?... »

Pourquoi ? En deux mots Anatole France l'a dit excellemment :

« Il met partout de l'inachevé et de l'inachevable, car il sait que c'est un charme et il est fertile en artifices. »

Ce que Maurice Barrès lui-même traduit :

« Une vive allure et d'élégants raccourcis toujours me plurent trop pour que je les gâte de commentaires superflus. »

On aurait tort, du reste, de croire que de telles subtilités d'écriture cèlent des idées difficilement accessibles. Quand on n'est pas habitué à sa manière (manière est ici un vilain mot et qui signifie mal ce que je voudrais) on se persuade aisément que ces phrases abstraites contiennent des pensées très malaisées à concrétiser et que probablement il n'est pas possible d'exprimer de façon bien positive. La plupart du temps c'est une erreur : l'idée diluée dans ces phrases d'une musique si ferme et si délicate est la plus naturelle, la plus logique et l'on est tout étonné que tant d'élégantes abstractions soient pour aboutir à un but si proche, si sensible.

Cette méthode, comme il le dit lui-même, « a pour principal défaut de laisser inintelligibles pour qui ne les partage pas les sentiments qu'elle décrit ». Tant il est vrai que la communion d'idées entre l'auteur et le lecteur est le meilleur moyen de rendre superflus les commentaires aux textes difficiles, et elle est d'autant plus indispensable quand il s'agit de Barrès que la plupart du temps il oublie — ou dédaigne — de jeter à ceux qui le veulent suivre la bouée de sauvetage.

« Cette obscurité qu'on me reprocha durant quelques années, dit-il, n'est nullement embarras de style, insuffisance de l'idée, c'est manque d'explications psychologiques. Mais quand j'écrivais, tout mené par mon émotion, je ne savais que déterminer et décrire les conditions des phénomènes qui se passaient en moi. Comment les eussè-je expliqués ? »

En analysant une page de Barrès, on remarque une autre raison de la prétendue obscurité de ses écrits :

Chaque phrase renferme une idée, mais d'une phrase à la suivante le raisonnement a fait un tel progrès qu'entre les deux plusieurs autres seraient souvent nécessaires. Il ne fait que poser des jalons : au lecteur de les relier ! Ces sauts imprévus rendent naturellement la lecture difficile.

M. Bywanck, dans son curieux volume *Un Hollandais à Paris,* raconte qu'accompagné de Jules Renard il alla interviewer Barrès sur la Trilogie du Moi dont le dernier volume venait de paraître. Au cours de la conversation, l'auteur du *Jardin de Bérénice* en vint à parler de « cette obscurité qu'on lui reproche » et il dit :

« J'ai toujours fait de mon mieux pour donner à chaque phrase le degré de clarté qu'elle comportait, et je crois bien y avoir réussi. Quant à poursuivre exactement la ligne logique de ma pensée par la liaison des phrases, voilà où j'ai failli. La raison en est très claire pour moi. Aussitôt que je me mets à rédiger ma pensée, elle fait une évolution dans un sens ou dans l'autre et tout ce qui sur le papier se trouve fixé dans sa forme définitive, pousse l'esprit vers une direction qui n'était pas dans l'intention originale. Ainsi, à chaque instant, il y a un tournant dans le raisonnement et la conclusion ne correspond plus au début. Celui qui a pris la peine de suivre l'idée à travers cette transformation successive ne se récriera pas contre ce manque de logique, mais les autres jetteront le livre... »

Toutes ces explications suffisent à montrer que le style de Barrès pèche non par obscurité, mais par excès de concision.

IL N'EST PAS UN SCEPTIQUE

Etre ironiste, c'est la plupart du temps être sceptique. Barrès accepte le titre d'ironiste mais, énergiquement, repousse celui de sceptique.

Nul plus que nous, déclare-t-il, ne fut affirmatif. Parmi tant de contradictions que, à notre entrée dans la vie, nous recueillons, nous, jeunes gens informés de toutes les façons de sentir, je ne voulus rien admettre que je ne l'eusse éprouvé moi-même... Nous avons eu la passion d'être sincère et conforme à nos instincts. Nous servons en sectaire la part essentielle de nous-même qui compose notre moi; nous haïssons ces étrangers, ces barbares qui l'eussent corrodé. Et cet acte de foi dont reçurent la formule, par mes soins, tant de lèvres qui ne savaient plus que railler, il me vaudrait qu'on me dit sceptique !...

La découverte du Moi ayant été le résultat d'une longue suite d'expériences désabusées, les premiers volumes qui sont la relation de ces exercices échappent naturellement au reproche de scepticisme. Il avait la volonté de croire puisqu'il cherchait en quoi se confier. Et quand par la suite il fut en possession d'une doctrine exacte, qu'il s'efforça de pratiquer sincèrement, n'était-il pas aux antipodes du scepticisme, puisqu'il tablait sur des convictions ?

D'ailleurs puisque lui-même se proclame « sectaire » du moi et indifférent à tout le reste, la discussion n'est-elle pas définitivement close ?...

IRONISTE

Quant à l'ironie, elle est sous sa plume un procédé favori et redoutable ; mais qu'elle est fine et jolie, dissimulée le plus souvent dans un tour de phrase imprévu, dans un mot détourné de son emploi habituel mais ainsi devenu plus *exact* encore ! Elle est discrète comme un sourire qui se contient ; rarement elle éclate, mais dans toutes les pages où il s'agit des conventions des barbares elle règne à l'état latent.

Vraiement, dit-il dans *l'Examen des trois volumes*, je ne l'employai qu'envers ceux qui vivent, comme dans un mardi-gras perpétuel, sous des formules louées chez le costumier à la mode. Leurs convictions, tous leurs sentiments, ce sont des manteaux de cour qui pendent, avilis et flasques, non pas sur des reins maladroits, sur des mollets bureaucrates, mais, disgrâce plus grave, sur des âmes indignes. Combien en ai-je vu de ces nobles postures qui, très certainement, n'étaient pas héréditaires !... Ah ! laissez-m'en sourire, tout au moins une fois par semaine, car tel est notre manque d'héroïsme que nous voulons bien nous accommoder des conventions de la vie de société et même accepter l'étrange dictionnaire où vous avez défini, selon votre intérêt, le juste et l'injuste, les devoirs et les mérites ; mais un sourire, c'est le geste qu'il nous faut pour avaler tant de crapauds... Ai-je eu en revanche la moindre ironie pour Athéné dans son Sérapis, pour ma tendre Bérénice humiliée, pour les pauvres animaux ? Nul ne peut me reprocher de rire de Gundry sur le passage de Jésus portant sa croix, ce rire qui nous glace dans Parsifal... »

Nous ne saurions donner d'exemples de cette finesse ironique du dilettante ; isolées de leur milieu ces phrases subtiles perdraient de leur saveur. Qu'on relise *Sous l'œil des Barbares*, *Un homme libre*, le *Jardin de Bérénice* : elles y fourmillent. Par contre, il nous serait facile d'accumuler des pages où l'ironie à fleur de peau s'accentue jusqu'à dominer le sujet ; elle y devient plus sensible, partant moins délicate. Mais encore que multiplier les citations de la prose de Barrès soit le moyen de nous faire pardonner la nôtre, nous nous bornerons à quelques fragments typiques.

Voici le début d'un article qu'au temps où certaines expériences de suggestion étaient à la mode, il intitulait : *Du génie insuffisant de nos hypnotiseurs* (1).

Dernièrement, j'ai passé une matinée très excitante chez un de ces illustres médecins qui, depuis peu, ont beaucoup fait pour la vulgarisation des phénomènes de la suggestion.

... Si je me suis plu l'autre matin chez cet hypnotiseur, c'est simplement que son imagination et celle de ses aides avaient pris je ne sais quel tour héroïque. Ils me firent voir dans des raccourcis sublimes tout ce qui honore l'humanité. Grâce à leurs suggestions, ce n'était dans ce cabinet, à droite et à gauche, que martyrs, soldats et poètes ; même en face de moi, une petite servante se glorifiait d'être Dieu le Père. On visite, à Londres, le musée Tussaud, le musée des horreurs ; je me flatte d'avoir passé une matinée dans le musée des héros, le musée Carlyle :

... Une petite prostituée, à qui l'on avait suggéré d'être un poète, se tenait le front entre les mains, comme fait André Chénier sur les pendules. « A quoi penses-tu ? » lui dis-je. — « Je cherche mes rimes. »

(1) *Figaro*, 27 juillet 1890.

— « Est-ce difficile ? » — « Oui, pour en avoir de bonnes. » Dans le même temps, un général passait en revue ses troupes, le poing sur la hanche, le nez en l'air et frappant du talon... Une autre, durant une heure, annonça la victoire de Marathon, le cou gonflé de joie patriotique et demi-morte pour avoir traversé les plaines fameuses de l'Attique. A sa voisine, nous dîmes : « Soyez Madier de Montjau. » J'en rougis pour elle, elle hésitait. Nous lui soufflâmes son rôle : « Vous êtes un proscrit très éloquent ; vous écrasez le boulangisme et du même coup vous flétrissez 52. » Elle se mit aussitôt à faire les gestes qui flétrissent et les gestes qui écrasent.

Durant une heure, ce fut dans cette petite salle le jeu le plus complet qu'on puisse imaginer de salamalecs sublimes. Je m'y sentais un cœur plus fier, comme à la lecture de Plutarque. Avec une véritable clairvoyance de mon état d'âme, l'illustre savant, gagné par mon émotion, se mit à pleurer doucement, et il répétait, appuyé d'une main sur André Chénier et de l'autre sur Madier de Montjau : « Je sens bien que je n'aurai pas vécu une vie inutile. »

Visiblement, par ce dernier trait, il complétait sa collection.

Il ne faudrait pas croire que cette ironie n'est absolument qu'un procédé littéraire ou de polémique. Elle est dans son tempérament et il se conforme à la doctrine du

Moi quand il lâche les rênes à cet instinct. Il arrive que parfois, selon les occasions, le milieu et pour certains effets, il lui donne comme adjuvant la plus extravagante des imaginations ; alors, n'était un sentiment très élevé de sa dignité, Barrès deviendrait facilement un ahurissant fumiste. En voudrait-on d'autre preuve que cette anecdote racontée par lui-même à un banquet des interviewers où il fut invité à prendre la parole ?

Il y a quelques années, à l'époque où M. Schœlcher nous faisait voir sur l'emplacement des Tuileries la belle bibliothèque qu'il a offerte aux nègres pour leur donner le goût d'apprendre à lire, je rencontrais souvent un jeune homme de couleur. (Ce n'était pas M. Gerville-Réache).

Garçon fort instruit, il avait passé des examens de droit, de médecine et de belles-lettres ; il savait tout, et, pour être exact, je dois ajouter qu'il ne comprenait rien.

Il honorait M. Schœlcher d'un culte ardent parce que celui-ci, comme on sait, a contribué à l'abolition de l'esclavage, et il se désolait de ne pas le connaître.

Ce fut au point qu'il me toucha.

— Mon frère, lui dis-je, il ne faut pas que vous tiriez la langue plus longtemps. Je vais vous introduire près de M. Schœlcher, quoique je n'aie pas l'honneur de le connaître. Voici ma carte, prenez mon nom et allez l'interviewer... Contemplez celui que vous aimez, et si vous en apprenez quelque chose d'intéressant, sur sa bibliothèque, par exemple, nous le mettrons dans le journal.

Quand mon nègre revint, il était fort ému et me remercia abondamment, mais il ne rapportait aucun renseignement.

— N'avez-vous pas interrogé M. Schœlcher ? lui dis-je.

— Oh ! non, j'étais trop impressionné, j'ai pleuré tout le temps.

J'en fus vexé et je ne pus m'empêcher de lui dire :

— Mon ami, vous me fîtes faire là une sotte figure.

Eh bien ! non, j'avais tort. Il paraît qu'il me représenta plutôt de la bonne manière. Car, peu après, survinrent des évènements politiques, et des personnes parlèrent de moi en mauvais termes. M. Schœlcher était là qui ne disait mot. On le pria de se joindre à ces blâmes, mais on n'en put rien tirer. Et comme on insistait :

— Oh ! non, dit-il, j'aime trop les nègres !

Cette parole qui étonna jusqu'à la stupeur ceux qui l'entendirent, ne s'éclaire-t-elle pas à ravir de l'anecdote que je viens de dire ?

En vérité, la bienveillance de M. Schœlcher, pour être un avantage un peu lointain de l'interview, m'est cependant si précieuse que j'en ai conçu, mes chers confrères, un goût tout particulier pour ce genre littéraire.

Mais M. Schœlcher est oublié depuis longtemps, ses nègres aussi ; peut-être ne trouvera-t-on plus dans ce discours l'excès d'ironie que j'ai annoncé. La citation suivante n'offre pas le même inconvénient.

Quand j'allai demander à M. Ranc s'il lui convenait de s'entremettre par la presse et ses relations gouvernementales pour qu'on transportât Michelet au Panthéon, je ne me doutais pas que je faisais le premier acte d'une comédie.

Certes je comprends qu'on éprouve pour d'autres Français illustres ce généreux sentiment qui m'échauffe moi-même pour les intérêts posthumes de mon maître. Naquet a mille fois raison de réclamer les honneurs du Panthéon pour les chimistes *Laurent, Gerbordt* et *Würtz*, Léon Say pour *Thiers*, Horace de Choiseul pour *Arrago, Bugeaud, Claude Bernard, Lamartine, Littré, Ingres, J.-B. Say*, Chiché et Le Senne pour *Louis Blanc*, etc. Mais la conclusion nonobstant, c'est que voilà le Panthéon déconsidéré.

... Chose curieuse, c'est l'ensemble de ces propositions qui fait sourire ; dans le détail elles sont excellentes. Nul de ces noms qui ne se justifie, et même le choix de Lamartine s'imposerait. C'est qu'à feuilleter le dictionnaire des Français illustres, on n'en trouve guère qui soient absolument indignes de reposer au Panthéon. Précieux squelettes, nous vous honorons tous. J'en sais même dont les morceaux seraient bons. Par un singulier hasard, je possède un os authentique de Bayard ; dans le premier instant, moi aussi, je tins à déposer un amendement ayant pour objet le transfert au Panthéon de mon os de Bayard. Il n'y fallait d'ailleurs nul crédit, je l'eusse porté moi-même ; c'est un petit métacarpien.

J'avais tort et mon erreur était précisément celle de mes collègues qui, tour à tour, viennent proposer le cadavre pour lequel ils ont le plus de sympathie : nous nous faisions les uns et les autres une idée fausse du Panthéon.

Le principe essentiel, le voici : le Panthéon n'a pas pour but de récompenser les bons serviteurs du pays, mais de glorifier la patrie. Il ne s'agit pas de créer une nouvelle dignité, une façon de décoration posthume. « Enseveli au Panthéon » ne doit pas être quelque chose d'analogue, encore que supérieur, au grand cordon de la Légion d'honneur. Il s'agit de créer un endroit où le Français ému puisse prendre la plus haute idée de la patrie. Que ce soit un lieu d'éducation nationale.

Quand nous avons le Mérite Agricole, les rubans d'Académie, la Légion d'honneur, l'Institut, avec lesquels on stimule les vivants, n'est-il pas superflu de créer une nouvelle décoration, une autre Académie : le Panthéon ? Je vous comprends, vous dites : « La Légion d'honneur s'obtient après tant d'années de services, le Panthéon ne se donnera qu'après tous services rendus. Ce sera le véritable couronnement d'une belle carrière. » Eh bien ! en dépit de ce caractère particulier, l'utilité de ce nouveau grade ne m'apparaît pas.

Ah ! certes, je ne fais fi ni des titres ni des décorations. Ils s'adressent au sentiment de l'honneur grâce auquel on peut mener loin les hommes. Nul sentiment qui soit plus fort ! J'ai même coutume de le prouver par une histoire pleine de sens, selon mon goût, et que je demande la permission de raconter, dans l'espoir qu'elle embellira par la suite la *Morale en action*, pour l'utilité de nos enfants.

Voici l'histoire :

J'ai connu quelqu'un qu'incommodait la cuisine des restaurants et à qui la modicité de ses ressources ne permettait pas de se créer un intérieur. Dans cette détresse, ayant fait une tournée chez les connaissances assez nombreuses qu'il possédait dans le Périgord, où l'on trouve la meilleure chère de France, il distingua entre toutes une cuisinière à laquelle il dit : « Avec votre talent, c'est à Paris et non pas en province que vous devriez servir ; sans parler du sou du franc, il y a plus d'honneur ! »

Elle quitta ses maîtres et le suivit à Paris, et comme elle était belle et que sa santé s'améliorait, il désira la posséder ; à quoi il parvint en insistant sur l'honneur que c'était pour une cuisinière de ne pas dormir au grenier. Mais quand vint la fin du mois, il lui dit : « Sophie, je ne vous ferai pas l'injure de vous donner de l'argent, car vous êtes ma chère maîtresse et non pas une amante vénale. » Peut-être fût-elle désappointée, mais elle se rendit encore au sentiment de l'honneur.

Quand j'allais dîner chez lui, elle demeurait à la cuisine. « Si tu t'assieds à table, lui avait-il dit, il pensera : voilà une servante qui a cédé à son maître ; je ne veux pas que tu aies à rougir devant un étranger. » Et de cette façon les mets étaient cuits à point et servis chauds.

Lorsque vint l'instant de rompre, il lui dit : « Sophie, je ne puis plus supporter votre façon de faire la cuisine et, quoique vous aimant beaucoup, je vous donne vos huit jours. » Elle déclara qu'après un pareil affront, elle ne demeurerait pas une nuit de plus chez mon ami, et c'est ainsi qu'il échappa aux difficultés si fréquentes des fins de liaison.

Et souvent il racontait cette histoire afin de me prouver que, dans nos rapports avec les hommes et avec les femmes, il ne faut jamais perdre de vue le sentiment de l'honneur.

Oui, je le crois, c'est en faisant appel à l'honneur qu'un gouvernement obtiendra beaucoup. Je ne médis pas des décorations. C'est un excellent instrument. Mais enfin ne mêlons pas tout.

Il paraît néanmoins que les députés persistèrent dans leur projet saugrenu de remplir le Panthéon avec des cadavres illustres, car Barrès accentua sa protestation d'une manière imprévue. De la tribune et au milieu de la stupéfaction générale des parlementaires, le pâle adolescent déposa un projet de loi tendant à transférer au Panthéon... M. Jules Simon, qui à cette heure même légiférait au Sénat. Le président de la Chambre, M. Floquet, pour ne pas être en reste, s'informa « si M. Barrès demandait l'urgence. » A quoi le député riposta fort irrévérencieusement qu'il n'était pas pressé, mais que si l'on tardait un peu la place allait sùrement faire défaut !

II

PETIT CATÉCHISME

DE LA

DOCTRINE DU MOI

NOTE. — Ma première intention était de placer ici un exposé très clair de la Doctrine du Moi ; mais, comme j'en avais d'abord jeté les plans, je me suis avisé que Maurice Barrès lui-même ayant, en une brochure qui devrait être le bréviaire de tous ses fidèles (1) *resserré l'idée qui anime son œuvre, il serait présomptueux et vain à quelque disciple, — fut-ce au plus fervent, — de tenter un nouveau commentaire. Je me suis rappelé aussi que l'Eglise interdit même aux plus savants de ses docteurs la traduction des livres sacrés et j'ai pensé qu'elle en devait avoir d'excellentes raisons...*

(1) *Examen des trois volumes idéologiques.*

Mon exposé se bornera donc à une façon d'abrégé dogmatique, — pour mémoire. Il a le mérite d'être composé presque exclusivement de maximes du maître. En revanche, il est aride, maladroit, incomplet. Si donc on venait m'apprendre que cette plate-bande vient d'être bouleversée, je n'en éprouverais nul chagrin.

D. *Quel est le but du culte du Moi ?*

R. Nous munir d'une règle de vie intérieure qui supplée aux systèmes, impuissants à nous créer des certitudes.

D. *Comment divisez-vous l'humanité ?*

R. En deux parties : 1º Moi, 2º les Barbares.

D. *De quoi se constitue votre Moi ?*

R. De l'ensemble de mes façons de sentir et de raisonner : en un mot de l'instinct qui m'est particulier.

D. *Quels sont les Barbares ?*

R. Tous les êtres qui de la vie possèdent un rêve opposé à celui que je m'en compose.

D. *Comment pouvez-vous entrer en conscience de votre Moi?*

R. En le dégageant du contact des Barbares qui l'oppriment.

D. *Votre Moi est-il immuable?*

R. Non, il est au contraire éminemment perfectible ; chaque jour, nous devons le défendre et chaque jour le créer.

D. *Le culte du Moi consiste-t-il à s'accepter tout entier?*

R. Non, nous devons épurer notre Moi de toutes les parcelles étrangères que la vie continuellement y introduit.

D. *Ne devons-nous en rien l'accroître?*

R. Nous devons ajouter au Moi tout ce qui lui est identique, assimilable, bref : tout ce qui se colle à lui quand il se livre sans réaction à ses forces instinctives.

D. *Selon quelles influences se comporte votre Moi?*

R. Principalement selon les instincts de ma race dont mon âme résume les puissances ; mon Moi actuel n'est qu'un instant d'une chose immortelle.

D. *Parvenu à la connaissance de votre Moi, quelle sera votre conduite ?*

R. Contempler avec sincérité l'Univers, chercher la voie la plus propice au développement de mes goûts, à l'épanouissement de ma sensibilité et les défendre du contact des Barbares.

D. *Le culte du Moi est-il une religion définitive ?*

R. L'essentiel étant d'acquérir des certitudes, le culte du Moi, destiné à nous en fournir, peut n'être qu'un terrain d'attente si des convictions plus sûres doivent nous survenir.

Voilà exprimées en termes bien absolus des choses qui, en réalité, ne le sont guère. Une étude plus substantielle des livres du Maître nous fournira l'occasion de commentaires indispensables.

III

L'ŒUVRE LITTÉRAIRE

LES TACHES D'ENCRE

Il est peu d'écrivains, — je parle de ceux qui ont consacré leur vie à la poursuite d'un idéal ou à la défense d'une idée, — dont les juvenilia n'aient fait présager le sens de l'œuvre future. Mais combien peuvent se vanter d'avoir sans tâtonnements posé la pierre angulaire de l'édifice qui fait leur gloire ?

Barrès est l'exception à la règle. Son œuvre, jusqu'à ce jour, a été le développement normal des neuves théories qu'affichèrent ses débuts. Toutes les idées qu'il sert avec tant d'énergie ont leur embryon dans les pages qu'il sema, vers sa vingtième année, parmi les périodiques parisiens et il semble que dès le lycée il se soit assigné un plan de vie morale auquel il a juré de demeurer fidèle (1) :

« Et d'abord, instituez-vous une spécialité et un but.

« Si votre esprit timide ne sait pas, dès sa majorité, embrasser toute une carrière, qu'il jalonne du moins l'avenir, comme le sage coupe sa vie de légers repas, d'épaisses fumeries et de nocturnes abandons où l'amitié, l'amour et soi-même lui sourient. C'est d'étape en étape que votre jeune audace s'enhardira.

« Ayant dressé ce que vous êtes et ce qu'il vous faut devenir, vous possèderez la formule précise de votre conduite... »

Barrès a battu, dans le chapitre quatrième de *Sous l'œil des Barbares*, le vieillard qui lui donnait ces judicieux conseils,

---

(1) Cette constatation est développée et documentée dans un chapitre suivant : *L'esprit de continuité dans l'œuvre de Barrès*.

mais, entre nous, il en a fait son profit. Du reste, ce n'est pas trop d'une vie pour publier de telles théories, le jeune homme qui les avait créées se devait de les défendre et nous serions bien fâchés qu'il eût orienté son génie vers un autre idéal.

Quand il écrivit ses *Taches d'encre*, il avait vingt-deux ans. En cet éphèbe d'une sensibilité raffinée, la faillite des certitudes banales avait déjà créé d'obsédantes inquiétudes ; mais, à peine le problème posé, il entrevoyait la solution, et dès le premier fascicule nous trouvons les prémisses de la thèse du Moi.

Je voudrais interroger ceux qui, à cette fin de siècle, se réfugient dans l'intellectuel et demandent à la cadence d'une strophe, à la tendresse de leur rêverie ou à l'audace d'une classification la quiétude que ne savent plus leur fournir les religions ni les groupes humains... Et s'il se trouvait qu'ils connussent nos incertitudes, eux aussi, nous oublierions de souffrir dans l'orgueil de nous plaindre avec eux. Aussi bien n'est-ce pas là, au dernier mot, ce que nous demandons à l'art : une sympathie pour nos souffrances. *Tout est vain, tout est futile hors ce qui touche à notre moi.*

Et ne vous semble-t-il pas que c'est déjà le Rœmerspacher des *Déracinés* qui écrit ceci ?

Dans cet idéal suprême composé des idéaux de toutes les races élevées, un souci particulier nous est dévolu. A nous il appartient de conserver le génie de France, de l'aider en ses transformations, de le réaliser selon nos appétits ; et nous tiendrons toujours haut la claire poésie des aïeux, le scepticisme facile des penseurs et cette large bonne humeur qui sut toujours ne rien prendre au tragique et mépriser gaiement les valets de plume.
Et notre tâche spéciale à nous, jeunes hommes, c'est de reprendre la terre enlevée, de reconstituer l'idéal français qui est fait tout autant du génie protestant de Strasbourg que de la facilité brillante du Midi. Nos pères faillirent un jour ; c'est une tâche d'honneur qu'ils nous laissent. Ils ont poussé si avant le domaine de la patrie dans les pays de l'esprit que nous pourrons, s'il le faut, nous consacrer au seul souci de reconquérir les exilés. Il n'y faudra que quelque peu de sang et quelque grandeur dans l'âme.

Voilà qui fait suffisamment présager le futur champion des traditions nationales et de la cause patriotique !

Et oserait-on ne pas reconnaître déjà dans certaines boutades de l'éphémère périodique (*M. Paul-Alexis Trublot, M. Alphonse Lemerre*, etc.) comme dans les *mots* suivants, de piquants spécimens de cette élégante ironie où, depuis, il excella :

Cette gazette, étant littéraire, s'occupera rarement des théâtres.

Vient de paraître : le *Vice suprême*, un roman de M. J. Barbey d'Aurevilly, raconté par J. Fortuné du Boisgobey. C'est Joséphin Péladan qui signe.

A l'Académie, M. Joséphin Soulary se retire. Il sollicitait un fauteuil « pour représenter la ville de Lyon » (*sic*). M. Eugène Manuel peut prétendre à représenter un homme fort laid. Quant à M. Grenier il ne représente rien du tout. Etc...

Mais où il faut surtout le reconnaître et l'admirer, c'est dans son style déjà divinement souple et coloré ; petites phrases alertes, aux mots si expressifs, enveloppantes comme un parfum ou aiguës comme de petites flèches...

SOUS L'ŒIL DES BARBARES

Pour bien comprendre une œuvre du genre de celles qui vont nous occuper, il est utile d'en connaître préalablement *l'intention* et le *plan général*. Beaucoup ayant tenté d'approfondir un livre de Barrès se sont rebutés dès les premières pages parceque, s'attendant à des épisodes romanesques, ils ont trouvé des chapitres sans action et sans lien apparent. Comme Sarcey, ils ont proclamé ne rien comprendre à ces *Barbares* : les « Concordances » dont ils n'ont pas saisi la portée sont devenues des « fumisteries » et des pages divinement éloquentes, un assemblage de périodes harmonieuses mais dépourvues de sens ; ils ont déclaré l'histoire du Sérapis un hors d'œuvre inconcevable et l'oraison finale, d'une détresse si touchante, une plaisanterie de mauvais goût.

Quiconque lit Barrès avec un esprit prévenu le trouvera incohérent et absurde. Pour l'apprécier, il importe de faire table rase de toutes certitudes, de débarrasser, au moins momentanément, son intelligence de tous les préjugés et en général de tous les bagages encombrants qui l'alourdiraient. Alors seulement, devenus pauvres pour le suivre, suivez-le avec confiance : vous parviendrez facilement au but où il veut vous conduire et peut-être changera-t-il contre une seule et avantageuse certitude les vingt premières que vous aurez semées sur votre route, — et qui n'en étaient pas.

Il a écrit quelque part : « Il faut lire *en aimant.* »

J'ai dit que pour bien comprendre une œuvre telle que *Sous l'œil des Barbares,* il est utile d'en connaître l'intention et le plan général. Que l'on se pénètre bien de ceci :

Barrès n'a prétendu écrire dans ce livre

qu'une façon de « Mémoires spirituels » où non pas toute une jeunesse, mais six ou sept états d'âme successifs d'un même individu sont scrupuleusement dépouillés. On ne doit donc pas y chercher les emplois du temps coutumiers aux jeunes gens qui étudient à Paris, leurs déboires et leurs bonnes fortunes ; *il ne s'est rappelé leur langage que pour établir, en guise de préface à chacun de ses chapitres, des « Concordances » qui relatent les conditions matérielles* où se trouvait son héros au moment où se déroulait en son âme la crise dont suit le tableau.

A chacune de ses crises morales qui tour à tour éliminent de la jeune âme quelqu'illusion, l'auteur a consacré un chapitre ; et pour finir, le héros ayant perdu toute confiance dans les Barbares qui l'environnent, entre en conscience de son Moi et adresse au Maître inconnu — « axiôme, religion du prince des hommes, » — une prière suppliante où il lui demande « le sentier où s'accomplira sa destinée. »

En un mot, ce premier volume est le prologue de la découverte du Moi ; son but est de le définir, ce Moi qui s'éveille petit à petit à la faveur de crises salutaires, en opposition avec les Barbares qui sont le non-moi.

Résumons succintement les phases de cet éveil d'une âme :

I. Le jeune homme demande aux spécialistes philosophes de lui apprendre la vérité ; le bonhomme Système ne sait que lui enseigner un scepticisme pessimiste.

II. Il demande le bonheur, — qui est la tranquillité dans la certitude — à l'amour : sa maîtresse trouve bien plus jolis que ce pâle rêveur les robustes lutteurs qui s'étreignent.

III. Il se retire dans sa tour d'ivoire, il se confine dans sa propre sensibilité, mais les barbares envahissent et saccagent son sanctuaire. (Allégorie : Athéné assiégée dans le Sérapis par la tourbe populaire).

IV. La tranquilité suprême est peut-être dans la gloire ? Il prend conseil à ce sujet d'un philosophe fameux qui lui enseigne des « trucs » pour parvenir. Le jeune homme est tellement écœuré d'un tel cynisme qu'il administre « à ce vieillard compliqué une volée de coups de canne. »

V. Il se demande s'il ne va pas essayer de s'imposer à ses contemporains par une gloire facile à conquérir avec rien du tout, le prestige souverain du dandysme, mais, ayant réfléchi, il conclut qu'il serait bien naïf de confier à ses contemporains le bonheur de sa vie.

VI. Il se recueille et, après avoir constaté la faillite de toutes les « règles de vie », il découvre nettement qu'en lui-même est la vérité tant recherchée.

VII. Il appréhende que la découverte de son Moi ne soit pas encore un résultat satisfaisant ; mais il se rend compte bien vite que ce « Moi » a besoin d'être dégagé, parfait et qu'avant tout il importe de lui trouver dans l'univers un champ d'action ;

D'où :

« O mon Maître, je te supplie que,

par une suprême tutelle, tu me choisisses le sentier où s'accomplira ma destinée.

« Toi seul, ô Maître, si tu existes quelque part, axiome, religion ou prince des hommes. »

UN HOMME LIBRE

Voilà donc le Moi créé ; mais cela ne suffit pas pour qu'il existe et soit une sauvegarde : maintenant et chaque jour il faudra le créer de nouveau, le perfectionner.

Mais nous avons des périodes d'abattement, de stérilité morale, de sécheresse ; pour avoir pleine conscience de notre Moi, il nous faudrait disposer de moyens d'enthousiasme et de clairvoyance...

Qu'à cela ne tienne ; voici le formulaire : *Un homme libre.*

C'est, à parler juste, le recueil des exercices que Philippe (Barrès a décidé de s'appeler Philippe) imagina pour se mettre en présence de soi-même, à l'instar d'Ignace de Loyola qui réunit en un volume intitulé *Exercices spirituels,* une « série de mécaniques » destinées à mettre les fidèles en présence de Dieu lui-même.

Il est dès lors facile de comprendre l'arrangement du livre.

Première Partie. — *En état de grâce.* — La religion catholique nous enseigne que l'état de grâce, situation particulière d'une âme possédant la foi et l'innocence, est indispensable au fidèle pour que lui profitent ses bonnes œuvres.

Philippe, commençant sous l'égide du Moi qui vient de se révéler à lui une vie nouvelle, ayant du reste abdiqué toutes vérités qui ne sortent pas de son fonds propre, se trouve dans une disposition éminemment favorable au développement de sa sensibilité. Il est en état de grâce.

IIe Partie. — *L'Eglise militante.* — Ici commence la série des mécaniques morales : examens de conscience, méditations etc... qui sont le sujet du volume.

Mais, nous l'avons dit, pour bien connaître son âme, il faut se rendre compte qu'elle n'est qu'un instant dans l'existence d'une race et que, de celle-ci, elle résume les tendances. Philippe est Lorrain ; pour obtenir la formule de ses propres instincts, il analysera l'histoire de la Lorraine (1).

IIIe Partie. — L'Église triomphante. — Les luttes sont terminées. Philippe se connaît. Il est en pleine possession de soi-même. Mais savoir ce qu'est notre Moi ne nous suffit pas ; chacun de nous doit accroître, perfectionner son Moi dans le sens de sa destinée propre, selon sa vérité individuelle, pour approcher de son idéal. C'est à Venise et par l'enseignement des chefs-d'œuvre du Vinci que Philippe parvient à cette seconde période de sa culture. Il se reconnaît tout saturé d'éléments étrangers : philosophies disparates, tendances qui se heurtent, influences qui se contrarient. Loin de se désoler d'une telle invasion, il s'en féli-

---

(1) Quand on aura décidé de ne plus s'attarder à de vaines considérations politiques, ces admirables pages d'études lorraines deviendront classiques.

cite car il possède une clairvoyance qui lui permettra de coordonner, de synthétiser ces choses diverses et contradictoires : ces alluvions loin d'ensevelir, de bloquer son âme vont la vivifier, la fertiliser. Grâce à la conscience qu'il possède de lui-même, ce chaos va devenir une harmonie, son Moi sera infiniment riche et puissant de tous ces apports hétérogènes.

Et voilà en quoi devra consister sa vie : ouvrir son âme toute grande pour y recueillir « les forces inépuisables de l'humanité, de la vie universelle. »

Il me souvient que Paul Bourget, dans la préface de son beau roman *Le Disciple*, parlant de *Un homme libre*, le qualifie de « chef-d'œuvre d'ironie ». Je demande pardon à un maître que j'aime beaucoup de le contredire, mais son appréciation me paraît inexacte. *Un homme libre* comme je le comprends est un livre passionné, grave, douloureux, — ironique seulement dans la mesure où on le dit des œuvres de Henri

Heine, où domine un accent strident de vérité.

Quant au mot « chef-d'œuvre » nous sommes d'accord pour le maintenir.

LE JARDIN DE BÉRÉNICE

La longue période d'angoisses et d'études intérieures qu'embrassent ces deux premiers volumes serait vaine si elle ne devait avoir de conclusion pratique. A la fin des *Barbares*, le jeune homme supplie son Maître (« qui que tu sois, axiôme, religion ou prince des hommes ») de lui choisir le sentier « où s'accomplira sa destinée ».

Par le *Jardin de Bérénice*, nous l'accompagnons dans ce sentier. Philippe a résolu d'être député. Bien entendu l'auteur ne s'attardera pas aux menus détails d'une agitation électorale ; il n'en retiendra que le cadre indispensable à sertir des idéologies, à « situer » des sensations.

Probablement parce que l'action y est plus continue, qu'il s'y trouve des pages d'un sentiment plus délicat et que, même abstraction faite du symbole, la douce Bérénice incarne un type infiniment touchant, le *Jardin de Bérénice* est vite devenu populaire dans les classes lettrées. Pour cette raison il devient inutile d'en faire ici l'analyse ; au reste il entre simplement dans notre intention de saisir le *sens* de l'œuvre, qui surtout importe.

Le Jardin de Bérénice (qui primitivement devait être intitulé de la parole de Néron mourant : *Qualix artifex pereo !*) est, pour employer les termes mêmes de l'auteur, le commentaire des efforts que tenta Philippe en vue de « concilier les pratiques de la vie intérieure avec les nécessités de la vie active ».

Il entre dans la vie, ayant à ses côtés son amie Bérénice, symbole de l'âme populaire et en face, comme adversaire, Charles Martin qui se créant de l'univers une vision opposée à celle qui passionne Philippe, incarne les barbares.

Or plus il avance, plus le monde s'harmonise avec ses pensées ; tous les systèmes sont tombés comme des voiles ; il voit par lui-même ; il découvre autour de lui une harmonie universelle ; il est le centre d'un infini séduisant et (comme ce mot résume bien toute l'œuvre de Barrès !) « d'une belle ordonnance ».

En résumé, le *Jardin de Bérénice* c'est les premiers jours de vie d'une âme qui, ayant pris conscience d'elle-même, se forme un univers.

Il n'est peut-être pas hors de propos de remarquer ici une ingénieuse application de la théorie qui dominait *Un homme libre* : Bérénice, élevée dans un musée parmi des tentures aux dessins naïfs qui bornent pour elle l'univers, conservera toujours son âme mystique et fleurie, — un peu étroite, un peu triste, mais perverse avec tant d'innocence...

Ce serait peut-être aussi l'endroit où « placer » une étude sur « la femme dans Barrès », l'objet... « Voilà bien le nom qui lui convient sous tous ses aspects, au cours des trois volumes. Elle est en effet objectivée la part sentimentale qu'il y a dans un jeune homme de ce temps. » Mais tout ce qu'il y avait à dire, il l'a dit lui-même en termes magnifiques et immuables ; je ne saurais que paraphraser certaines pages de ses opuscules explicatifs ; aucune étude, si savamment psychologique soit-elle, ne les vaudra. Qu'on s'en tienne à ses commentaires, puisqu'ils contiennent tout.

* *
*

De tous les livres de Barrès celui-là me semble lui demeurer le plus cher ; il aimerait particulièrement lui voir rendre justice et surtout qu'on le comprit. Ne nous y trompons pas : le grand succès a été pour l'affabulation ; des esprits d'un monde sentimental plutôt que subtil, mais peu accoutumé à ces métaphysiques, ont pu y prendre un plaisir délicat, en raison de ce qu'ils soupçonnaient sans en prendre une notion exacte de profond à travers l'indécis de la forme, — le public de ceux qui ont compris le sens intime de l'œuvre est restreint. L'auteur en a souffert ; il est trop fier pour vous le dire... Et pourtant, lisez ce fragment d'une préface qu'il écrivit autrefois pour un livre de Jean Lorrain, *La Petite Classe;* on y sent trembler de l'émotion à travers le nuage d'ironie.

La petite classe ! c'est le nom charmant dont Jean Lorrain a baptisé ceux et celles qui se piquent d'avoir les opinions, les sensations, les frissons artistiques les plus neufs. La métaphore est à la fois gentille et très exacte. Les plus jeunes, les plus naïfs, les plus charmants, voilà ce qu'est la petite classe, en même temps que son nom souligne fort bien le goût très décidé et très singulier qu'ont les femmes de cette époque pour l'instruction. Elles veulent savoir. Elles aiment les choses d'autant mieux qu'elles sont ardues : la musique savante, la poésie savante, la philosophie. Leurs flirts préférés sont Mallarmé et Nietzche.

... Et moi aussi, pourtant, j'ai été de la « petite classe » ! Je leur ai amené une petite fille, l'enfant Bérénice, triste et vêtue de violet, avec ses mains chargées de péchés, dont ils s'amusèrent. Mais chez eux, on ne fume pas et on ne parle pas politique. J'y baillais. Pour en sortir j'aurais pris le bras de Georges Ohnet lui-même, car il n'est qu'une chose que je préfère à la beauté, c'est le changement. Je n'eus point à recourir à cette extrémité. Quelques verres que je pris sur le comptoir du marchand de vins, dans l'antichambre des réunions politiques, ont lavé sur mes lèvres ce qui put s'y trouver un jour de miel poétique... "

★ ★
★

Quand je dis plus haut : Bérénice est le symbole de l'âme populaire, — cette interprétation ne prétend pas s'imposer. D'aucuns ont vu en Petite-Secousse l'instinct, d'autres la tradition d'une race... Ce me semble également plausible et conforme à l'esprit d'un Barrès : et c'est la première apparition dans son œuvre d'une forte pensée qui supporte toute sa thèse démocratique et sa conception du véritable intellectualisme.

Barrès pense que l'instinct national concorde avec la raison la plus réfléchie, que l'instinct d'un pays est la vérité pour ce pays. Sur cette concordance de la plus haute raison réfléchie et de l'inconscient national Barrès s'est toujours victorieusement appuyé dans ses luttes contre les intellectuels. C'est le sens de ses appels « à la France Eternelle, » où il dit que la santé sociale se retrouve dans chaque crise si l'on accepte les instincts séculaires du pays ; et c'est bien aussi le sens de Bérénice, qui meurt du pédant intellectuel Charles Martin.

Mais à propos de Petite-Secousse, qu'on me permette une légère digression, — en plus positif.

— Pourquoi l'avez-vous appelée Bérénice ? demandais-je un jour au maître, fort étourdîment.

— Bérénice ? Mais c'est un joli nom... J'aime beaucoup... Et puis, n'est-ce pas ? elle est un peu cousine de l'autre... celle de Racine...

— C'est bien à Aigues-Mortes que vous l'avez connue ? C'était une jolie petite méridionale ?...

— Quel insatiable curieux vous faites ! Durant mon premier séjour à Aigues-Mortes, je n'ai fréquenté personne ; j'ai voyagé, j'ai travaillé... A telles enseignes que les habitants de là-bas prétendent que je ne suis venu chez eux qu'après avoir écrit et publié mon volume...

— Bah !

— Mais c'est faux : j'y suis allé avant et encore après !

— ... Alors le prototype exista ?...

— Quelle fausse idée de toute création artistique. Peut-on dire jamais qu'on copie un modèle vivant !

Il réfléchit, les yeux au plafond.

— Ma foi oui ; elle était bien naïve, bien enfant, toute neuve, et douce... Une belle âme...

Il y eut un nouveau moment de silence ; il se promenait à travers la chambre en sifflotant *Boudeuse* (1).

(Pourquoi bouder ainsi, méchante...)

Soudain, comme suivant une idée, il leva les épaules d'un geste coutumier et, avec un de ses ineffables sourires qu'on ne sait s'ils viennent de la tête ou du cœur :

(1) Où diable a-t-il appris cela ?

— Au fond, je crois qu'elle était simplement stupide,
dit-il.

. . . .

Nous descendîmes pour le dîner.
— Et pourquoi « Bougie-Rose » ?
— ..... Bougie-Rose..... (Il dégringolait très vite)... sa petite amie... poseuse ..... grands mots..... airs pincés..... (Je le suivais avec peine)..... « Toi..... prétentieuse comme une bougie rose ». Alors..... (Il faisait grincer ses doigts sur la rampe en acajou massif).....
— Et « Petite-Secousse » ?
— ..... Indiscrétion exécrable..... Petite-Secousse..... Tiens !..... oublié les cigarettes !..... Eh bien, voilà..... Petite-Secousse.................................

(Le reste se perdit à un tournant de l'escalier.)

L'ENNEMI DES LOIS [1]

Cette divinisation de l'instinct, cette loi qui nous est proposée de l'abandon complet de chacun à la bohème de son esprit et de son cœur est d'une esthétique merveilleuse et, dans la plupart des cas, une incomparable puissance multiplicatrice d'énergie ; mais on est en droit de se demander si cette théorie peut sans danger être présentée à tout individu comme règle de vie ?

Car, et c'est là précisément le sujet de l'*Ennemi des Lois*, si nous portons en nous-même notre code, nous devons tout d'abord nous affranchir des lois et de tous le fatras

[1] La trilogie du « Culte du Moi » est terminée. *L'Ennemi des lois* qui en est une des conséquences obligées dans l'ordre pratique a été, dès le début, l'objet de multiples attaques. Bien mieux qu'une sèche analyse, la discussion de ces attaques nous aidera à dégager le sens du volume.

des conventions sociales, obstacles artificiels au libre exercice de nos instincts. Et nous marchons en quelque sorte (voici un gros mot : si je ne savais avoir, moi aussi, des lecteurs intelligents j'hésiterais à l'écrire car aussi bien je lui veux ici un tout autre sens que celui de son acception habituelle) vers l'anarchie.

Comment vont s'harmoniser tant d'instincts divers ?

Et puis, ces instincts, seront-ils toujours *bons* ?

Barrès, philosophe généreux et d'une bienveillante humanité, est quant à ce problème d'un optimisme admirable :

« Que chacun satisfasse son Moi, et l'humanité sera une belle forêt, belle de ce que tous, arbres, plantes et animaux, librement s'y développeront, s'élanceront selon leur sève.

« Les monstres sont rares, et puis dans toutes les hypothèses sociales et quand même la gendarmerie verrait supprimer son budget, les circonstances et la générosité naturelle aux hommes feraient surgir des défenseurs pour les instincts opprimés. »

Voilà des objections.

Elles se détruisent d'elles-mêmes.

Aidons-les :

1° Cet affranchissement des lois n'est pas absolu, car « le mieux où l'on peut prétendre, déclare Barrès lui-même, c'est à combiner les intérêts des hommes de telle façon que l'intérêt particulier et l'intérêt général soient dans une commune direction. »

Expliquons-nous :

La société a été constituée pour l'intérêt et le confort de chaque individu. Donc, non seulement il n'est du devoir de personne de se sacrifier pour la société, mais il est au contraire de la plus stricte raison que chacun prenne le maximum de liberté d'allures qui ne lèse point les intérêts et le confort d'autres individus. Si, en effet, vous acceptez les bénéfices que procure *par surcroît* la société, il n'est pas admissible que vous rejetiez ceux auxquels vous donne droit *a priori* votre qualité d'être doué d'une sensibilité originale ; — à moins que, volontairement et en connaissance de cause, vous ne vouliez dénoncer votre privilège d'homme sociable... Conclusion pratique : laissons épanouir notre sensibilité, lâchons les rênes à nos instincts *tant que la collectivité n'a pas à en souffrir.*

Voilà qui est rassurant pour la conservation de l'ordre social et satisfaisant pour ceux qui redoutaient un régime d'égoïsme universel !

2º Barrès n'a pas prétendu que le culte du Moi dût être généralisé ; il ne convient évidemment qu'à une élite.

Laquelle ?

Question embarrassante ; mettons d'une manière générale : l'élite qui *comprend* ses livres. Si Barrès avait voulu instituer une doctrine populaire, il eût exposé cette doctrine en termes accessibles au populaire, sans préoccupation de littérature. Avouons qu'une telle éthique, même vulgarisée en éditions à 3 fr. 50, est peu inquiétante, car elle ne saurait convaincre que ceux qui en pénètreront le sens intime et de ceux-là précisément l'abus ne saurait être à craindre.

3º Du reste, tout le monde n'a pas une « sensibilité » à développer et à suivre ; et quand cela serait, il est bon de se rappeler qu'à cet exercice il est des conditions matérielles. (« Je vous suppose quelques rentes et de la santé... »)

TROIS STATIONS... TOUTE LICENCE... DU SANG... Etc.

Nous passerons rapidement sur les publications qui vont des trois volumes d'idéologie aux trois volumes du « Roman de l'énergie nationale » ; non qu'elles aient une importance secondaire : les *Trois stations de psychothérapie* condensent en quelques pages les arguments du culte du Moi et y apportent de précieux commentaires ; le dernier chapitre notamment, consacré à la glorification de l'âme cosmopolite de Marie Bashkirtseff, mériterait un long article d'étude. Dans *Toute licence sauf contre l'amour* le problème des antinomies de la pensée et de l'action est repris, exposé et discuté avec une clarté, une éloquence éminemment persuasives et des arguments d'une espèce nouvelle.

Ces deux brochures transportent sur un autre plan les théories développées dans les trois traités d'idéologie dont elles sont, en quelque sorte, avec l'*Examen des trois volumes*, le manuel didactique.

Quant à *Du sang, de la volupté et de la mort*, beaucoup considèrent ce volume comme le chef-d'œuvre de Maurice Barrès ; loin d'y contredire, je tiens pour indiscutable que certains de ses chapitres (par exemple *Les deux femmes du bourgeois de Bruges*) passeront à la postérité dans les anthologies.

Si j'avais entrepris un examen méthodique de l'œuvre de notre cher Maître, une étude soigneusement pondérée, j'aurais eu plaisir à m'attarder sur ce livre dont chacune des pages semble exhaler un parfum spécial et délicat, et surtout à rechercher dans l'auteur des « Impressions d'Espagne et d'Italie » la sensibilité agréablement compliquée de Marie Bashkirtseff ; car personne mieux que lui n'a saisi l'âme subtile de ces pays ensoleillés, personne mieux que lui ne se l'est assimilée.

Du reste, ce volume échappe à l'analyse tellement il renferme de sensations multiples et concentrées, — et j'ai hâte d'en venir aux *Déracinés*, qui sont une nouvelle étape.

LES DÉRACINÉS

Voici non plus de l'idéologie abstraite mais de la sociologie pratique. Les assises du culte du Moi étant posées, Barrès — sans en rien abdiquer, bien entendu, — se consacre à un autre apostolat.

Les *Déracinés* sont le premier tome d'une trilogie « Le Roman de l'énergie nationale », dont les deux parties à paraître seront intitulées *L'Appel au soldat* et *Leurs Figures* (cette dernière précédemment annoncée sous le titre de *L'Appel au Juge*).

L'envergure de l'œuvre et son autorité, le souffle d'épopée qui la traverse, son éloquence et son succès, tout cela a été dit et répété dans tous les modes. Passons, puisqu'ici le sens seulement nous importe.

En quelques lignes nous allons résumer

le volume chapitre par chapitre ; cela fait, nous dégagerons la thèse générale.

I. LE LYCÉE DE NANCY. — Paul Bouteiller, nouveau professeur de philosophie, passionne sa classe par sa dignité impeccable et ses leçons de morale. Il enthousiasme ses élèves pour les théories kantiennes ; *il suscite en eux des ambitions* (ce qui est un grand bien) *mais sans songer à donner un but réel à ces ambitions* (ce qui est un crime car ces enfants emportés par leur confiance et leur insouciance risquent de devenir des dévoyés). Bouteiller, en outre, a le tort de faire miroiter aux yeux de ses élèves des situations sociales où ils ne pourront fournir à la société qu'un minimum de services. Devenus hommes, ils pourraient être d'une grande utilité à leur pays s'ils voulaient s'attacher à leur terre lorraine : *mais ils n'ont pas été accoutumés à cette perspective*. — Bouteiller part, laissant ces jeunes gens sous le coup de ses enseignements, disproportionnés aux capacités intellectuelles et morales de chacun d'eux, enseignements incomplets qui les poussent, désemparés, vers de fausses directions.

II. Dans leurs familles. — Maurice Rœmerspacher, de Nomeny, excellent élève, type du brave Lorrain, petit-fils d'un agriculteur ; était destiné à la médecine.

François Sturel, de Neufchâteau, fils d'une veuve qui se sent un peu déclassée dans cette province rudimentaire et désire pour son fils des destinées plus élevées. Ses vieilles tantes en auraient voulu faire un avocat dans le pays.

Suret-Lefort, de Bar-le-Duc, fils d'un homme d'affaires véreux. Intelligent et actif.

Henri Gallant de Saint-Phlin, de Varennes, fils de gentilhomme campagnard ; très attaché au sol et aux traditions de sa province ; moral très pur.

Henri Racadot, de Custines, petit-fils de serfs ; esprit sournois, violent, sans générosité ; son père s'est enrichi par des moyens inavouables.

Antoine Mouchefrin, de Longwy, fils d'un photographe sans fortune ; boursier du lycée : peu sympathique d'aspect ; presque difforme.

Alfred Renaudin, fils d'un modeste contrôleur des contributions indirectes ; est casé par Bouteiller comme mouchard de Gambetta dans un journal opportuniste.

III. Leur installation a paris. — Sturel s'installe à Paris : esprit tourmenté d'ambition, avide de devenir un *individu*. Il fait un brin de cour à Thérèse Alison, jeune fille que son expérience de la vie mondaine rend sceptique et, au milieu des plus grandes tentations, politique et prudente. Rencontre de Mouchefrin et Racadot qui, récemment débarqués eux aussi, s'affirment comme deux fripouilles avérées ; puis de Renaudin, très important, Suret-Lefort, grave et austère. Ils se réunissent un soir pour attendre à la gare Rœmerspacher qui est pour eux le summum de la science et de la sagesse.

IV. Les femmes de sturel sont Thérèse Alison à qui il fait une cour platonique sans grands résultats et une Arménienne plus facile, Astiné Aravian, qui par ses récits orientaux trouble l'esprit sentimental de Sturel en qui elle provoque le rêve des splendeurs asiatiques.

V. Un prolétariat de bacheliers et de filles. — Les jeunes Lorrains se sont assimilé l'esprit de leur milieu ; ils ne sont plus des Lorrains, mais des individus incolores. Preuve par le détail des jeunes gens. Racadot et Mouchefrin surtout n'ont rien gardé de leur caractère original ; ils sont parvenus au dernier degré de la misère et de l'avilissement.

VI. Un hasard que tout nécessitait, c'est l'occasion qui leur arrive par l'intermédiaire de Renaudin de faire du journalisme ; car sans qu'ils s'en soient doutés c'était là le but de leur existence à Paris. Toutefois Racadot et Mouchefrin sont exclus de cette bonne fortune et ils en ragent... Vie de Portalis, aventurier politique dépourvu d'honnêteté et pétri d'ambition.

VII. Visite de Taine a Rœmerspacher. — Taine vient faire visite à Rœmerspacher ;

de l'exemple d'un platane, il tire pour le jeune philosophe une haute règle de vie. Sur son conseil, Rœmerspacher et Sturel décident de réunir en un groupe leur petite colonie dispersée. (Voir sur ce chapitre, Bourget : *Essais de psychologie*, chez Plon).

VIII. Au tombeau de Napoléon. — Les Lorrains se donnent rendez-vous aux Invalides, près du tombeau de Napoléon. Sturel commente à ses amis la vie du grand Empereur qui, de rien, est devenu la grande personnalité du siècle. Cet exemple suscite leur énergie : mais quel emploi lui donner ?

IX. La France dissociée et décérébrée. — L'unité française se compose de quatre blocs : 1° les bureaux (y compris l'armée) ; 2° les religions (révélation, science) ; 3° les ateliers (agricoles et industriels) ; 4° les syndicats ouvriers. — Ces blocs sont descellés ; notre énergie nationale, divisée, s'affaiblit.

X. On sort du tombeau comme on peut. — (Suite du chapitre VIII). Ils discutent quelques propositions tendant à fixer un emploi à leur énergie ; celle qui les rallie vient de Racadot : fonder un journal.

XI. Bouteiller présenté aux parlementaires. — Bouteiller est pris en considération par le baron Jacques de Reinach qui le fait participer à un dîner de parlementaires, de ministres et de banquiers.

XII « La vraie République. » — La fondation du journal *La Vraie République* est décidée. Administrateur Racadot ; rédacteur en chef Sturel, avec le reste de la colonie comme comité de rédaction et d'administration. Rœmerspacher et Sturel vont demander conseil à Bouteiller qui s'enquiert d'abord de la politique qu'ils veulent soutenir : « Nous exposerons nos idées, disent-ils, le public les classera ! » Bouteiller les traite d'indisciplinés et ils se quittent brouillés. — Pourtant, se disent les jeunes gens, pour qu'on puisse nous imposer la discipline d'un parti sans que nous ayons le droit de discuter ses tendances, il faudrait que ce parti possède une autorité, qu'il soit une religion.

XIII. Son premier numéro. — Le premier numéro de la *Vraie République* est en préparation. Par malheur les articles de Rœmerspacher, Sturel, Saint-Phlin, trop profonds, sont assommants.

XIV. Une année de luttes. — Les affaires du journal ne vont pas ; Racadot, exploité par Renaudin, obtient à grand'peine une subvention de Reinach qu'il essaie ensuite, mais en vain, de faire chanter. Sturel se met en travers des combinaisons louches ou simplement des compromissions stipendiées. Ce chapitre contient des notions intéressantes sur le maniement habituel des fonds secrets.

XV. Quinze jours de crise. — Racadot et Mouchefrin sont parvenus à la plus affreuse misère. Le père de ce dernier lui refuse l'argent qu'il sollicite ; il en est réduit aux derniers expédients pour trouver du pain et un gîte.

XVI. La mystérieuse soirée de Billancourt. — Tandis que, par une belle soirée, Sturel fait une mélancolique promenade en compagnie de Thérèse Alison, Racadot et Mouchefrin assassinent sur les berges de la Seine Astiné Aravian, pour s'approprier ses bijoux.

XVII. LES PERPLEXITÉS DE FRANÇOIS STUREL. — Sturel qui soupçonne son ami Racadot d'être l'assassin d'Astiné, se demande si son *devoir* n'est pas de le dénoncer. — Racadot est arrêté.

XVIII. LA VERTU SOCIALE D'UN CADAVRE. Sturel ne sait s'il doit dénoncer Mouchefrin, comme complice de Racadot. L'unanimité des classes nobles, riches, pauvres, même canailles à exalter Victor Hugo dont le cercueil est exposé, glorieux, sous l'arc-de-triomphe de l'Etoile, lui rappelle que tout homme, quelqu'il soit, est partie intégrale de l'humanité et de la Vie ; il faut accepter le rôle qu'y jouent nos voisins. Il ne parlera pas. Splendide description des obsèques de Victor Hugo.

XIX. DÉRACINÉ, DÉCAPITÉ. — Mouchefrin s'en tire indemne. Racadot est guillotiné.

XX. A BOUTEILLIER LA LORRAINE RECON-

NAISSANTE. — Bouteiller est élu député de Nancy.

THÈSE. — L'enseignement purement humanitaire qu'on donne dans les classes des lycées est dangereux : il suscite, il est vrai, l'ambition et l'énergie des jeunes gens, mais à cette ambition, à cette énergie il ne donne aucun but, ce qui peut être désastreux pour eux et pour la société. Chose plus grave : il sape les attaches de la race ; d'individus racinés dans des réalités qui sont les traditions, elle fait des citoyens de l'univers, arrachés du ferme sol natal, transplantés dans le pays aérien des abstractions et des mots, — des déracinés.

Bouteiller n'a su que pousser vers Paris ses élèves désemparés. Qu'est-il arrivé ?

Rœmerspacher et Sturel, qui sont l'élite d'une génération, comme des aiguilles de boussoles affolées ne savent où se tourner, quel prétexte donner à leur activité. Ils veulent, mais quoi ?

Saint-Phlin vit du souvenir de sa province plutôt que des ressources parisiennes.

Renaudin, qui n'a gardé aucun scrupule, se fait une petite situation dans le journalisme.

Suret-Lefort, intrigant, en impose à un petit cercle d'amis par son éloquence.

Racadot qui est énergique mais pauvre, « trahi par les chefs insuffisants du pays », ne peut trouver les fonds nécessaires pour assurer l'œuvre qui doit lui créer une situation : la misère le mène à la guillotine.

Mouchefrin, sans valeur énergique et intellectuelle, s'attache à la fortune de Racadot et doit à ses amis de ne pas l'accompagner sur l'échafaud.

Si le lycée, au lieu de faire à ces jeunes gens une patrie de raison, leur avait appris à vivre et à se développer selon leur race et dans l'influence de leur terre, si Bouteiller n'avait pas mis son zèle à interrompre en eux la sève natale, ils auraient vécu heureux tout en servant la collectivité.

Bouteiller, à reprendre les choses dès le principe, est le seul coupable et Racadot est une victime indirecte de Bouteiller.

Mais Bouteiller lui-même n'est-il pas l'instrument de quelqu'autre puissance, doctrine ou institution ? Evidemment il n'est que le fidèle propagateur de la morale universitaire et c'est le danger de cet enseignement que Barrès a prétendu signaler. Par la force de son analyse, avant la fameuse « Affaire », il a donc prédit dans Bouteiller les « intellectuels ».

Un peu plus tard, dans la *Terre et les Morts*, il formulera ainsi la thèse des *Déracinés* en la fortifiant d'un exemple personnel :

« ... Pour moi, dévoyé par ma culture universitaire, qui ne me parlait que de l'Homme et de l'Humanité, il me semble que je me serais avec tant d'autres agité dans l'anarchie, si certains sentiments de vénération n'avaient averti mon cœur... »

Cette phrase résume les *Déracinés*.

Dans son ouvrage *De Kant à Nietsche*, au chapitre de « La Régression philosophique », M. Jules de Gaultier écrit ces paroles mémorables :

Parmi les systèmes de philosophie régressive qui, après le travail d'assainisssement mental accompli par la *Critique de la raison pure,* tentèrent de restaurer les idées théologiques, il convient de citer en première ligne celui qu'a formulé Kant dans la *Critique de la raison pratique,* dans les *Fondements de la métaphysique des mœurs,* dans les *Principes métaphysiques de la morale.* A Kant, c'est Kant lui-même qu'il faut opposer tout d'abord et qu'il faut immoler. On est tenu de le faire sans ménagement et d'omettre tous égards en raison de l'influence considérable exercée sur une classe nombreuse d'esprits par le faux rationalisme qu'il a restauré.

C'est à l'honneur de M. Maurice Barrès qu'il soit impossible aujourd'hui d'aborder un tel sujet, sans citer son nom et sans rappeler qu'en romancier et en sociologue, en une œuvre d'analyse et d'imagination d'une haute valeur psychologique (1), il a signalé la morale Kantienne comme un péril national.

Chez nous la race est formée en espèce définitive et qui ne varie plus. Elle ne peut tenir sa vie morale que des attitudes traditionnelles enracinées par la coutume et par l'hérédité, devenues chez elle des manières d'être indépendantes de la foi qu'elles supposaient au début. C'est cet ensemble d'idées qu'embrasse et circonscrit la conception de M. Barrès. Appliqué à une race qui en est au point précis de son évolution où se trouve la nôtre, le Kantisme de la *raison pure* peut avoir l'empire de dessécher les anciennes racines, mais le Kantisme de la raison pratique, est impuissant à créer une plante nouvelle, à

(1) *Les Déracinés.*

imposer utilement sa greffe, parce que la connivence de l'Instinct vital lui fait défaut.

Périlleux donc pour la race en ce sens qu'il irait à la stériliser, le triomphe du Kantisme en morale marquerait la main mise d'un groupe étranger sur l'esprit national.

L'APPEL AU SOLDAT

La seconde partie du « Roman de l'Énergie nationale » n'étant pas encore entièrement parue dans la *Revue Hebdomadaire* au jour où nous écrivons, à défaut de l'étude détaillée qu'elle commande il nous est au moins possible d'en dégager les idées essentielles.

Dans l'*Appel au soldat,* on comprend de mieux en mieux le but qu'a poursuivi Barrès en écrivant son « Roman de l'Énergie nationale ». Les idées dans lesquelles vivent la plus grande partie des Français en cette seconde moitié du XIXe siècle ont été exprimées, ont reçu leur forme la plus puissante dans les cours de Michelet au Collège de France en 1848 et dans les *Misérables* de Victor Hugo. Je simplifie évidemment l'énumération, mais on m'accordera que parmi les œuvres littéraires qui ont été, ces derniers temps, des réservoirs d'idées et d'émotions, les œuvres d'Hugo et de Michelet ont été des plus capitales. On s'est fait là un état d'esprit typique.

Eh bien ! Barrès a poursuivi d'une façon presque systématique un but analogue pour le nationalisme : il a créé le mot, il a élaboré la doctrine, aujourd'hui c'est un livre réservoir d'idées qu'il nous fournit. Son intention est celle-ci : rattacher l'individu « à sa terre et à ses morts ». Un passé qui est encore tout proche peut servir à démontrer l'inanité des transformations nationales qui ne s'appuieraient pas sur ce principe ; c'est pourquoi l'auteur de l'*Appel* a voulu retremper le Français et surtout le Français de l'Est qu'il affectionne plus spécialement, dans de fortes sensations anciennement subies.

L'*Appel au soldat* est l'étude minutieuse d'une fièvre française, d'une de ces fièvres qui continuellement, dans notre histoire, intervienment pour nous affoler, nous mener près de l'abîme ou d'une convulsion instinctive nous rejeter loin du précipice imminent. C'est notre caractéristique nationale, reconnue par toute l'Europe, de ressentir aux moments critiques de ces frissons qui furent souvent des frissons sauveurs.

Rien n'était plus important comme étude de psychologie sociale que l'analyse du spasme boulangiste, quelque opinion que l'on ait d'ailleurs sur ce malheureux Boulanger qui n'en fut pas, comme on est tenté de le croire, l'agent déterminant. Le général Boulanger n'est pas l'objet du livre ; l'objet c'est le boulangisme, c'est une crise de l'instinct national.

On trouve dans l'*Appel au soldat* le morceau central des trois volumes, le magnifique chapitre intitulé « La Vallée de la Meurthe », la partie de son œuvre totale dont Barrès lui-même conçoit le plus de fierté : « Dans cette centaine de pages, dit-il, j'ai peut-être mis le meilleur de moi-même ([1]). » C'est de cette vallée qu'ont été

([1]) *La Vallée de la Meurthe* marque peut-être l'apogée de

déracinés par l'universitaire Bouteiller les sept jeunes héros du roman ; c'est encore, à l'époque du boulangisme, sur les plantes de ce sol que l'esprit d'un Boutellier parfait son action néfaste : cette société est « dissociée et décérébrée » ; le sol et la race sont envahis, leur influence anéantie... Sturel, guidé par Saint-Phlin, parcourt sa petite patrie, retrouve à mesure qu'il avance son origine lointaine. D'heure en heure le jeune déraciné se reprend au sol natal, il en arrive à comprendre que le sol et les ancêtres collaborent puissamment aux instincts d'une

---

Barrès styliste. Des pages que j'en voudrais citer sont d'une poésie exquise, d'une force magnifique, d'une éloquence sublime... Peut-on ire sans être pris d'un frisson d'art et de patriotisme les lignes par lesquelles Sturel et Saint-Phlin saluent Metz infortunée ?

« — C'est, pensaient-ils, l'Iphigénie de France dévouée avec le
« consentement de la patrie quand les hommes de 1870 furent per-
« dus de misère, sanglants, mal vêtus sous le froid et qu'eux-
« mêmes, les Chanzy, les Ducrot, les Faidherbe, les Bourbaki, les
« Charette, les Jaurès, les Jauréguiberry renoncèrent. Toi et ta
« sœur magnifique, Strasbourg, vous êtes les villes françaises les
« plus aimées ; un jour viendra que parmi les vignes ruinées, sur
« les chemins défoncés et dans les décombres nous irons vous de-
« mander pardon et vous rebâtir d'or et de marbre. Ah ! les fêtes
« alors, l'immense pèlerinage national, toute la France accourant
« baiser les fers de la captive... » Je doute que, dans toute notre littérature, on trouve dix lignes plus parfaitement belles que celles-là.

nation, bien plus : qu'ils les forment... Et prévoyant la force d'une réorganisation française qui s'appuierait sur ce principe de tradition, il se rend compte que le boulangisme fait fausse route et ne pourra être inscrit dans l'histoire que comme une agitation stérile...

Nulle part on n'a mieux montré ce qu'est une nation, comment elle peut mourir, comment elle peut se transformer.

STANISLAS DE GUAITA. — UN AMATEUR D'AMES.

La brochure sur *Stanislas de Guaita*, en même temps qu'un hommage ému à la mémoire de l'ami qui fut de moitié dans sa jeunesse, a été pour Maurice Barrès l'occasion de prouver par l'expérience d'un être cher combien est profondément vraie la doctrine « de la terre et des morts ».

En Stanislas de Guaita, issu d'ancêtres germains émigrés en Italie, se continuaient des âmes allemandes et italiennes, tandis que Lorrain par l'ascendance maternelle, il participait aux instincts français. Cette âme composite devait sentir et penser « en dehors des conditions générales de notre époque. » Aussi se dirigea-t-il tout droit vers l'occultisme et les études kabbalistiques.

On trouvera dans cette plaquette de 32 pages de précieuses indications sur les années que passa Barrès au lycée de Nancy et sur la révolution que causa dans cet esprit jeune et subtil, l'initiation aux idéalistes modernes.

**

Un amateur d'âmes est pareillement une application de la thèse de l'instinct héréditaire. C'est l'histoire de l'empoisonnement d'une âme par une influence terrienne opposée à sa nature intime.

« La Pia, toute petite, avait dû partir pour l'Egypte avec sa mère chassée pour ses déportements. Orpheline maintenant, elle vivait chez des parents à Dresde. Elle accepta de quitter la terrasse de Bruhl pour la sierra tolédane. » Le philosophe Delrio, ignorant que « l'énergie de l'individu est une addition de l'âme de ses morts et que cette addition ne s'accomplit que par la permanence de l'influence de la terre », pensa développer, perfectionner le petit être en lui imposant les atmosphères violentes de l'Espagne, « qui est le pays le plus effréné du monde ». L'enfant en fut si désorientée, si bouleversée, elle se sentit si malheureuse que « comprenant d'une manière confuse et avec désespoir qu'elle s'était égarée de sa véritable destinée », elle se donna la mort.

Un amateur d'âmes fut d'abord publié en tête de *Du sang, de la volupté et de la mort* en 1893 ; l'année dernière (1899), l'auteur « étant retourné sur les lieux qu'il avait décrits pour redoubler ses sentiments et collationner ses images », nous a donné une nouvelle version du petit livret, publiée par les soins de la Société des Graveurs sur Bois « l'Image », et curieusement illustrée par L. Dunki.

A propos de cette réédition, un critique de la *Revue blanche* qu'une telle franchise, en un moment où les esprits étaient surexcités par l'odieuse Affaire, honore grandement, écrivait les lignes suivantes :

M. Maurice Barrès vient de rééditer, en une plaquette élégante et carrée, une nouvelle fort célèbre déjà : *Un amateur d'âmes*, qui formait l'entrée de son volume *Du Sang, de la Volupté, de la Mort*. On l'a ornée de gravures sur bois dont l'art, presque toujours, m'échappa, et dont je n'ai senti vivement que le mauvais goût (1). Quelle prose d'ailleurs appelait moins « l'illustration » que cette nouvelle profonde, ardente et glacée ?

Ce qui est plus important, c'est que M. Maurice Barrès, en même temps qu'un nouveau livre, nous a donné un nouveau texte. J'ai donc agi comme il convient avec les textes classiques, c'est-à-dire que, la plume en main, j'ai relu et collationné. C'est une heure de travail un peu myope, mais dont je ne perdrai ni la mémoire, ni le profit.

Quel écrivain admirable que M. Barrès ! Faut-il dire toute ma pensée ? Si l'invention révèle mieux le génie, c'est la correction qui accuse l'art plus sûrement. Prenez, dans Chateaubriand, les deux ou trois versions de la préface aux *Mémoires d'Outre-Tombe*. La plus ancienne est la meilleure. Chaque correction affaiblit. Ici, je n'en vois guère plus de deux ou trois que je veuille regretter. Toutes les autres ajoutent, resserrent ou fortifient.

M. Barrès n'a épargné aucune de ces expressions molles, inconsistantes, qui se glissent sournoisement dans les styles les plus concentrés et les plus tendus. Il a élagué des détails douteux ou simplement inu-

(1) Nous regrettons de n'être pas sur ce point du même avis que l'estimé critique. (Note de l'auteur).

tiles. Quelle incomparable leçon de style ! Il n'est pas un verbe trop usuel, ou simplement défraîchi, qu'un substantif dru et coloré ne remplace. Parfois l'action du verbe ressort plus droite et plus vigoureuse de l'absence du complément supprimé. Il n'est pas jusqu'à des changements d'adverbe, *hors de* au lieu de *sans*, *encore* au lieu de *aussi*, qui n'ajoutent à la beauté et à la pensée. Veut-on, au hasard, un exemple ? Au lieu de robes *d'une simplicité exquise*, n'est-il pas meilleur d'avoir écrit des robes *évasées* et claires ? Souvent aussi quelques mots développés sont devenus une phrase charmante.

Rien n'est venu modifier le sens premier de la nouvelle. La composition, en un ou deux endroits, a été très légèrement mais heureusement modifiée. Le portrait de Simone s'est enrichi de quelques détails délicieux. Je passe sur quelques additions de détail, mais M. Barrès est retourné en Espagne, il a « redoublé ses sentiments et collationné ses images » et le paysage s'est singulièrement précisé et enrichi. Il n'est presque point de pages où une touche nouvelle n'en ait avivé et détaillé la couleur : les *cigarreras* de Tirso de Molino, et les genêts à l'odeur amère, une vue de nuit dans la cathédrale de Tolède, une inscription sur une plaque de cuivre, un voyage plus détaillé dans les défilés d'Andalousie. Un chapitre entier est neuf ; c'est la terrasse de San-Juan de los Reyes à Tolède, l'abattoir, la prison. Un autre s'est doublé de quelques pages ardentes et troublées sur Grenade, le petit roi Boabdil et les roses du Généralife. Sous cette forme développée, et sans rien perdre de sa beauté intérieure, l'*Amateur d'âmes* est devenu une étude plus riche et plus réelle. Jadis elle me semblait bien proche de la perfection. Elle me paraît aujourd'hui plus parfaite.....

Je ne m'excuse pas d'avoir parlé de l'*Amateur d'âmes* avec une précision si méticuleuse et si peu expliquée. J'ai supposé que chacun connaissait ces pages aussi bien que moi. Je le répète, elles sont classiques.

QUELQUES ARTICLES

Il y a dans l'œuvre de Barrès des articles de journaux qui ont fait autant pour sa célébrité que certains de ses volumes. Et ils sont nombreux. Cela tient à ce que Barrès n'est pas journaliste ou plutôt qu'il est le plus parfait des journalistes : il n'écrit jamais pour le plaisir — ou l'avantage — de signer, mais pour la satisfaction d'exprimer une idée nouvelle. Et de fait chacun de ses articles roule sur une *idée*, forte ou subtile, toujours différente et inédite. Même au temps où, directeur de la *Cocarde*, il s'astreignait à un Premier-Paris quotidien, pas un seul jour il ne défaillit dans son apostolat de philosophe novateur : chaque matin il publia un *article nouveau*.

Une idée par jour ! Si nous qualifions

cela de prodigieux, où est le publiciste qui nous contredira ?

Et quelles idées ! De quelques-unes de ces pages rapides on a tiré la matière de plusieurs beaux volumes. C'est une mine qu'on pourrait ainsi longtemps exploiter sans pouvoir l'épuiser.

Je crois qu'on ne rend pas suffisamment justice au journaliste qu'est Maurice Barrès. On s'est battu, il est vrai, autour de ses articles, mais c'était il y a dix ans ; aujourd'hui la jeunesse elle-même ne se passionne plus facilement pour des thèses d'idéal ou des méthodes d'action. Peut-être est-ce qu'on s'abuse sur les qualités que doit réunir une colonne de journal ? Nous exigerions volontiers qu'elle soit une parfaite pièce littéraire. Sous ce rapport Barrès autrefois gâta son public. Il paraît depuis plusieurs années avoir renoncé à ce souci ; les raisons qu'il nous en donne dans son premier numéro de la *Cocarde* sont excellentes :

> Pourvu que des évènements nous ayons un sentiment profond, passionné, exprimé sans hésitation, sans défaillance, sans réserve, le public nous en

saura gré. Et si nous savons être un abrégé du sentiment public, des passions dominantes, nous en serons nous-même un des éléments.

Un journal n'est pas une page de livre ; c'est une action. Avant d'agir, pourquoi des mots, pourquoi des explications ?

Parmi les articles de Barrès qui eurent le plus de retentissement, il faut citer la série des *Notes d'un lettré mécontent* dont nous avons donné d'autre part un important fragment, puis *Leurs Figures*, trois chroniques publiées par le *Figaro* en 1893 et qu'on retrouverait sûrement dans les magazines littéraires de l'époque ; nous n'en reproduisons rien parce qu'elles reparaîtront naturellement dans le troisième volume du « Roman de l'Energie nationale », qui s'intitulait d'abord *L'Appel au Juge* et auquel elles donnent leur nom.

Mais voici tout au long un article qui causa en 1888 une grande émotion dans le monde littéraire. Il est intitulé : *La sensibilité d'Henri Chambige*. Peut-être se rappelle-t-on la cause célèbre qui en fait le sujet ?

Un littérateur de 22 ans, Henri Chambige, était accusé d'avoir empoisonné une jeune femme du meilleur monde de Constantine, après avoir tenté lui-même de se tuer d'un coup de revolver. Chambige prétendait que Mme Grille, devenue sa maîtresse, et lui-même avaient résolu de se donner la mort ensemble. Les défenseurs de la victime voulaient au contraire qu'elle eût été attirée dans un guet-apens par le jeune littérateur qu'elle ne connaissait pas.

L'article parut la veille de l'arrêt qui envoya Chambige au bagne [1].

Il faut aux jurés de Constantine un sens bien exquis des nuances de la sensibilité. Je me reconnais incapable de discuter une cause encore pendante aux assises.

Mais cette culture intime de ses émotions, ce dédain des lois ordinaires de la vie, cette facile acceptation de la mort que nous rencontrons chez Henr Chambige, ce sont les traits principaux de l'âme contemporaine la plus neuve. Des écrivains, ces jours derniers, l'ont bien vu ; je crois cependant qu'ils firent un peu vite le procès des récentes manières de sentir.

[1] *Figaro*, 11 novembre 1888.

Je voudrais montrer que si la haute littérature de ce temps a décrit et même a créé quelques unes des façons de sentir qu'on trouve en Chambige, du moins elle les complète d'indications essentielles, tout à fait propres à éviter des accidents aussi déplorables que ces amours tragiques de Constantine.

Henri Chambige s'est écarté sur un point très grave de la conception de la vie que nous présentent les grands esprits de sa race. Merveilleusement doué pour sentir, très ardent à saisir des émotions nouvelles, très clairvoyant pour observer ses frissons, il n'a pas, ce me semble, la force de se dédoubler. Son âme est faite de parcelles merveilleuses, mais la méthode pour les utiliser lui fait défaut.

C'est pour avoir négligé tout un côté de l'enseignement de ses maîtres préférés qu'il a glissé dans ce drame.

**

Comme Benjamin Constant, Chambige a vu avec amertume que jamais deux êtres ne peuvent se connaître. Le langage a été fait pour l'ordinaire de la vie ; il ne sait exprimer que des états bien grossiers auprès des nuances infinies qui sont au fond de nous. Et quand même nous connaîtrions nos pensées les uns des autres, cela est peu pour un analyste et un sentimental, qui sait combien ce sont là des représentations imparfaites de notre moi, des images fragmentaires et furtives. Quelle mère connaît son fils, quel amant sa maîtresse ?

Ce douloureux sentiment de l'invincible isolement où chacun de nous est muré à jamais, Chambige l'eut avec intensité ; il semble l'avoir voulu exprimer dans le livre qu'il projetait sous ce titre : *l'Ame intransmissible.* C'est le premier instant du développement des plus fines sensibilités modernes.

Ainsi réduite à soi-même, effrayée d'être seule parmi des étrangers, une âme bien née ne prend plus souci que de se cultiver, de s'augmenter, de s'embellir, de s'adorer. Dès lors, une seule chose est réelle, une seule chose importe : le *Moi.* Le monde extérieur n'apparaît plus que comme un champ d'expériences où l'âme, avec malaise, se hasarde pour trouver des émotions. C'est la *dispersion infinitésimale du cœur*, ce second volume qu'a esquissé Chambige. Il s'agit non pas de se donner aux choses, aux êtres, mais de leur prendre ce qu'ils ont de meilleur pour s'en augmenter. Aux beaux paysages, à la science, à la femme, on demandera des émotions.

Benjamin Constant, dans son *Journal,* et Sainte-Beuve dans *Volupté* sont les narrateurs les plus douloureux de l'*Ame intransmissible ;* c'est M. Renan qui a le mieux exprimé la *Dispersion du cœur,* cette puissance qu'acquiert une âme cultivée de prendre conscience de tout ce qu'enferme l'univers. Grâce à sa merveilleuse méthode, M. Renan a su jouir en même temps des voluptés du voluptueux et de l'austérité de l'ascète.

Ces premières étapes de toute âme qui veut se développer, Chambige les a franchies : « Celle que j'aime n'est pas si belle que je la vois. En croyant aimer une femme, je n'aime que l'erreur de mon propre esprit. » Il se rend compte que nous n'aimons jamais que notre propre image projetée devant nous ; nous sommes incapables de connaître rien autre que notre âme ; en baisant les mains de notre maîtresse, c'est nous-même que nous adorons. Cependant Chambige se laisse aller à aimer, et même il pousse l'amour à son paroxysme. C'est qu'il sait que la première loi d'une belle culture est de ne jamais être une âme de défiance. Il accepte toutes les émotions ; il veut qu'en lui toutes les notes de l'univers viennent se répercuter ; il aspire, comme les plus grands idéalistes, à faire de son âme le son total de l'humanité.

Ces côtés de la sensibilité de Chambige sont excellents. Son journal, où il se fait connaître, est tout à fait remarquable. M. Bataille, qui a étudié lui-même, dans la *Conquête de Lucy*, des cas analogues de sentimentalité rare, a justement mis en valeur le mérite d'une telle culture chez un garçon de vingt-deux ans. Ce sont les mêmes préoccupations supérieures que nous saluons avec un grand respect chez Gœthe, chez Renan, dans l'ordre intellectuel ; chez le Benjamin Constant du *Journal intime* et chez le Sainte-Beuve de *Volupté*, dans l'ordre sentimental.

Ce jeune homme va donc faire une riche moisson de beautés morales ; son âme sera ornée et rare ;

peut-être son action bienfaisante !... Hélas ! voici qu'il s'écarte de la voie des maitres !

* * *

Un principe universellement admis, c'est que M. Pasteur ne doit pas lâcher dans la rue les chiens enragés qu'il étudie dans son laboratoire. Comme les savants qui manient des substances dangereuses ou des hypothèses troublantes, les fabricants de sensibilité rare ne doivent pas installer leurs expériences au milieu des hommes.

Depuis Benjamin Constant, qui vécut une vie de tribun libéral, et qui cultivait au fond de soi des rêves délicats de septicisme, de solitude, d'analyse presque mystique, jusqu'aux jeunes écrivains d'aujourd'hui, — Jules Tellier, par exemple, qui soutient une thèse analogue dans son traité sur *Nos Poètes*, — tous les maîtres doués d'une sensibilité d'exception déclarent avec M. Renan :

« La vulgarité des hommes fait de la solitude morale le lot obligé de celui qui les dépasse par le génie ou par le cœur. Il faut donc se composer un petit monde divin à soi, se tailler un vêtement dans l'infini ; il faut pouvoir dire *mon infini*, comme *mon Dieu*. »

Les âmes très développées n'ont guère de place dans le monde actuel. Elles doivent réserver ce qu'il y a en elles de plus *différent* pour en meubler leurs rêves. C'est penser imprudemment de vouloir introduire dans l'ordre actuel des manières de sentir qui sont trop en avance. Il ne faut pas devancer les siècles ; nous n'avons pas qualité pour perfectionner brusquement le monde. J'imagine un moment où la passion telle que la comprirent Chambige et Mme Grille paraîtra à tous admirable, et même naturelle. Il est certain qu'à cette heure une telle conception de l'amour scandalise la plupart des esprits.

A l'audience, quand Henri Chambige déclare : « C'est une mort réputée pour déshonorante, mais c'est une mort héroïque », le public s'étonne. Et le président qui répond : « Les deux fillettes de Mme Grille, à l'âge d'être mariées pourront apprécier tristement cet héroïsme », indique parfaitement la catastrophe que produisent certaines beautés trop neuves, encore confuses, brutalement transportées dans la réalité.

Le philosophe dans son cabinet, le sentimental dans le jardin fermé de son cœur, peuvent cultiver les plus rares sentiments. Mais il faut une délicatesse infinie pour faire que ce qui est imaginatif devienne réel. Les meilleurs esprits, de tous temps, ont sacrifié aux dieux de l'empire : aux idées communément admises. C'est parfois un crime de vouloir faire admettre du peuple ce qui sera vertu dans plusieurs générations.

* *
*

Je n'examinerai pas si le cas d'Henri Chambige, cette déplorable catastrophe, est une erreur de théoricien qui n'a pas compris la nécessité de se dédoubler et de se conformer dans sa vie extérieure aux opinions communes, — ou la défaillance d'un analyste de 22 ans, qui a été empoigné par sa passion et affolé en dépit de ses raisonnements. Je voulais seulement indiquer que les penseurs de ce temps ont trouvé un joint pour rendre inoffensives leurs plus audacieuses conceptions.

Je me plais à imaginer un Henri Chambige mieux averti, se conformant exactement à l'enseignement de ses maîtres :

Comme l'accusé de Constantine, ce Chambige amélioré se cultive soi-même ; il cherche de toutes parts des émotions pour embellir son rêve ; il n'a souci que d'être ardent et clairvoyant. Sa grande préoccupation est d'éviter ces deux écueils de l'analyste sentimental : la stérilité et l'emballement. L'observation intérieure dessèche très vite l'âme. Il faut alors recourir à quelque émotion féconde. L'amour est peut-être l'émotion qui pénètre et baigne l'âme le plus profondément.

Mais le Chambige que j'imagine n'eût pas permis à l'amour de le dominer. Cela est essentiel. Les meilleurs analystes s'ingénient pour n'être jamais qu'à demi sincères. Ils ne s'autorisent pas à s'emballer, ils se tiennent vigoureusement en main. Satisfaits du rajeunissement trouvé en quelques semaines auprès d'une femme, ils interrompent l'expérience très vite, et rentrent dans leur univers fermé. Je crois vraiment que des délicats ne perdent guère à couper ainsi leur passion. C'est une période bien vulgaire, celle où l'on souffre, où l'on jouit vraiment (et de ces deux égarements, je ne sais quel est le plus pénible pour un esprit préoccupé de voir clair). Le joli plaisir ne commence que dans la mélancolie de se souvenir, quand les sourires toujours un peu communs sont épurés par la nuit qui déjà les remplit.

Pour présenter quelque agrément, il faut qu'un fait soit transformé en matière de pensée ; de même une théorie, un sentiment, tout ce qui est imaginatif, devient vulgaire et parfois dangereux à être réalisé. Tels sont les enseignements des maîtres contemporains. Si Chambige s'y était conformé, de grandes douleurs eussent été épargnées à six ou sept personnes, lui-même aurait joui des dons supérieurs qu'il possède, nul doute enfin que son incontestable talent d'écrivain n'eût honoré sa génération.

On a beau nourrir contre ces théories « subversives » des préventions étroites, on ne saurait refuser à leur auteur une singulière clairvoyance et une admirable force de psychologie.

Il est intéressant de mentionner à propos de cet article sur Chambige que Bourget a voulu le joindre au manuscrit du *Disciple* qu'il a offert à une amie, marquant ainsi l'importance qu'il attribuait à cette analyse de Barrès et la contribution qu'elle avait été à son propre travail.

Mais ce n'est pas seulement dans l'étude des sensibilités raffinées qu'excelle un Barrès ; voyez avec quelle exactitude, en la simplifiant jusqu'à la ramener à un seul trait, il fixe la physionomie du général Boulanger (¹).

... La Revanche ! Voilà son idée fixe. Cette noble manie limita sa moralité mais aussi son ambition. Il acceptait toutes les conditions que lui paraissait comporter son installation au commandement suprême de l'armée et c'est là d'autre part qu'il bornait sa prétention.

De toutes les brigues qu'on lui supposa, je ne reconnais comme vraiment sien que le désir d'être généralissime. Faire un roi, renouveler Bonaparte, présider la République, il n'y songea point, ce véritable militaire qui ne connaissait de gloire que celle des batailles et qui ne se souciait que d'entrer dans Metz et dans Strasbourg, tandis qu'autour de lui on ne rêvait que d'Elysée et de Tuileries rebâties.

J'ai souvent pensé qu'aux pires moments de sa campagne anti-parlementaire, il eût accédé à une combinaison de couloirs lui garantissant le ministère de la guerre inamovible. Celui qu'on traitait de ré-

(1) *Cocarde* du 30 septembre 1894.

volté et en qui nous espérions un révolutionnaire se fût contenté de la chaise d'un Saussier ou d'un Freycinet.

Mais je crois aussi que parmi tant de récriminations, l'un disant : « il fallait marcher sur l'Elysée depuis la gare de Lyon » ; l'autre : « le soir du 27 janvier » ; un troisième : « rentrer la veille des élections générales », etc., etc., lui ne se reprochait qu'une chose : « d'avoir, lors de l'affaire Schnœbelé, laissé passer l'occasion. »

... Si la postérité est juste (ce qui n'est nullement prouvé, car il faut des loisirs qu'elle n'aura pas, et de plus je pressens qu'elle goûtera de moins en moins le tour d'esprit militaire) si la postérité était juste, elle classerait le général Boulanger comme un ardent patriote qui s'est brisé, ainsi qu'il arrive le plus souvent, à chercher la réalisation d'un rêve — d'un noble rêve militaire.

Il n'oublie pas cependant que le journal est une arme et parfois en un article incisif où concourent l'ironie et la vigueur, il démolit avec élégance un adversaire, comme un expert amphytrion vous démembre en se jouant une volaille au bout de sa fourchette. Avec quelle dextérité est ici désossé un Jules Ferry !

Allemane, dans les dernières années de l'empire, assistait à une réunion. On hésitait, pour je ne sais quel siège, entre Ferry et un candidat ouvrier. « Parfaitement, dit l'avocat Ferry, un travailleur serait un choix excellent. Mais saura-t-il à la tribune tenir tête aux porte-parole de Bonaparte ?... Citoyens, contre l'Empire, il faut une *gueule* ; eh bien ! si vous voulez, je serai cette gueule-là ! »

Vous la voyez d'ici, la scène. L'avocat, le lettré, le bourgeois qui s'humilie, fait le grotesque, — quel autre mot employer ? — pour conquérir les bonnes grâces d'une foule. C'est le même pauvre homme, aboyeur parvenu, qui plus tard le prendra de haut, et, protestant rogue, jouera les hommes de gouvernement.

« Prenez ma gueule ! » On détourne la tête devant cette dégradation d'un homme libre qui, pour obtenir l'honneur de représenter ses concitoyens et des idées généreuses, se met à quatre pattes sur l'estrade et la lèche.

Déjà opportunistes avant 70 ! En voilà qui ne perdent jamais le sentiment des réalités ! Admirons-les ! Ils n'ont jamais de ces rébellions intimes, de ces sursauts de dignité qui sont des manques de politique. Admirable souplesse, merveilleuse puissance d'adaptation aux milieux et aux circonstances !

Prenez ma gueule ! Sa gueule ! triste mâchoire de domestique et de bête de proie ! Dans cette supplication tient tout le programme de ceux pour qui l'honneur de servir leur pays ne fut jamais que le bénéfice du sou du franc.

La République ! Comme elle était belle sous l'Empire ! dit Durranc. Durranc doit s'embrouiller dans ses souvenirs. Elle fut belle auprès de la chaire de Michelet, de Quinet, jadis, au collége de France. Mais sous l'Empire, elle dut être ce que nous la voyons cette République parlementaire : une honteuse parade où se pressent deux cents Ferry criant sans plus : « Citoyens, prenez ma gueule ! »

Convient-il de citer parmi les œuvres de Barrès journaliste ses polémiques ? Ce serait long. Bornons-nous à cet exemple :

Des députés collectivistes ayant, en octobre 1894, ouvert des négociations en vue de la formation d'un groupe international entre les députés socialistes de France et de l'étranger, Maurice Barrès dans la *Cocarde* plaisanta fort agréablement M. Edwards, directeur du *Matin*, qui avait prévu que cette union allait avoir pour résultat « d'affaiblir l'idée de patrie » :

« M. Edwards n'est-il pas étranger, levantin si je ne m'abuse ? Quand il s'associe avec des écrivains français, constituant ainsi une entente internationale à Paris, il nuirait donc, d'après sa théorie, à l'idée de patrie ?... »

M. Edwards se fâcha tout rouge ; il déclara qu'il « ne saurait tolérer d'être qualifié d'étranger ».

« Français, je le suis triplement, Monsieur !

« Je le suis d'abord parce que né d'une mère française, j'ai été élevé à l'université de France, à Paris, que je n'ai jamais quitté.

« Je le suis ensuite parce que M. le Président de la République, sous le ministère Floquet, dont je n'étais pas précisément l'ami, a bien voulu m'accorder mes grandes lettres de naturalisation, à titre exceptionnel, ce qui est une rare faveur, vous le savez peut-être.

« Je le suis enfin, parce que jamais je n'ai été boulangiste... »

Le « triplement français » de M. Edwards eut du succès. La réponse de Maurice Barrès en eut un préférable. La théorie qu'il y formule a été maintes fois reproduite depuis :

« Monsieur,

« On entend par nation un groupe d'hommes réunis par des légendes communes, une tradition, des habitudes prises dans un même milieu durant une suite plus ou moins longue d'ancêtres.

« La naturalisation est une fiction légale qui fait participer aux avantages d'une nation, mais ne peut en donner les caractères.

« Dans la suite des temps, vos petits-enfants arriveront à se fondre avec notre cher pays, et deviendront ainsi de véritables Français.

« Alors leur tour d'esprit sera tel que, lisant des articles modérés et de méthode française analogues à celui dont vous vous occupez, ils les comprendront...

« Monsieur, rien n'est plus difficile à un étranger, quelle que soit d'ailleurs sa haute valeur, de saisir la portée exacte d'un exposé fait sans déclamation et selon notre méthode d'analyse française, qui, pour un illettré parisien, serait tout simple.

« Je vous prie d'agréer mes salutations distinguées.

« Maurice Barrès. »

CONFÉRENCES

C'est à l'Odéon, le 10 décembre 1890, que Maurice Barrès débuta comme conférencier. Avant une représentation de *Tartuffe*, devant un nombreux auditoire d'élégantes mondaines, d'universitaires et d'étudiants, il parla pendant trois quarts d'heure sur « Saint Ignace de Loyola et l'esprit jésuitique ». Sujet qui n'avait rien d'étonnant, choisi par l'auteur d'*Un homme libre*. Il le développa du reste à un point de vue purement littéraire, sans y rien montrer de passion religieuse ou politique. Commentant les *Exercices spirituels,* il rappela les *instruments* dont se servit Loyola pour recruter des défenseurs au catholicisme et dominer les âmes dont le fond est chrétien et prit texte de la fameuse casuistique pour revenir au *Tartuffe* de Molière.

« *Tartuffe,* dit-il, est par le fait du parti-pris de l'auteur, non pas un portrait, mais un pamphlet. Il l'a traité de façon si intolérable qu'on se sent l'envie de trouver au pauvre homme au moins deux ou trois qualités... Libre à lui ; quant à nous, nous savons devoir aux jésuites certaines façons littéraires très délicates et nous tenons leur fondateur pour un grand manieur d'hommes, un grand psychologue, parce qu'il déclare à la dernière ligne de ses *Exercices* ou suite de mécaniques pour donner la paix à l'âme : « Et maintenant, le fidèle n'a plus qu'à recommencer. »

« Ce fut, dit le *Gaulois,* un excellent début. Lorsque le jeune député quitta la scène une double salve d'applaudissements l'a rappelé, et les *barrèsiens,* venus en nombre à la conférence, ont fait à Maurice Barrès une longue ovation. Quelques critiques, parmi lesquels MM. Francisque Sarcey, Jules Lemaître, Ferdinand Brunetière ont écouté l'éloge de l'esprit jésuitique avec intérêt et applaudi à différentes reprises. »

Huit jours après, Barrès faisait au Théâtre d'Application une conférence sur le *Jeune Homme moderne*. Partant de cette idée que pour se rendre compte de l'état d'esprit du jeune homme moderne, c'est moins lui qu'il faut interroger que les directeurs préférés de sa conscience, il divise son sujet en trois classes : 1° l'élève de M. Paul Bourget, 2° l'élève de M. de Vogüé, 3° l'élève de M. Lavisse.

Le premier, mis en scène dans le *Disciple*, philosophe incomplet, échoue sur les bancs de la Cour d'assises. (Cf. Henri Chambige).

Le second pourrait être sauvé par la morale évangélique ; mais il ne sait pas s'y astreindre.

Le troisième a des ressources précieuses dans l'association universitaire ; c'est bien insuffisant comme bouée de sauvetage !

Si vraiment le jeune homme moderne est malade, il doit chercher son remède en lui-même, s'étudier, se cultiver, se regarder pousser. (Cf. les trois volumes du *Culte du Moi*).

14

Un an après (18 novembre 1891) le député de Nancy fit une tournée de conférences à Anvers, à Bruxelles, à Liège, à Bruges etc., sur les « Antinomies de la pensée et de l'action ». Ce thème lui valut avec les ovations enthousiastes des jeunes, l'admiration de la vieille école, assez rébarbative pourtant à ces méditations subtiles basées sur l'analyse philosophique de l'homme intérieur ([1]).

Citons pour mémoire les conférences qu'il fit en 1895 à Bordeaux (*Fédéralisme et assainissement*) puis à Marseille (*La Commune laboratoire de sociologie*) et dont nous parlerons plus loin dans le chapitre « Décentralisation » malheureusement sans les développements qu'elles comportent.

Nous nous attarderons un peu plus à celle qu'il publia l'année dernière sous les

---

(1) Ces conférences ont été résumées dans la brochure *Toute licence sauf contre l'amour;* le chapitre III, « Synthèse », en contient surtout les éléments importants.

auspices de la Ligue de la Patrie Française et que des raisons indépendantes de sa volonté l'empêchèrent de prononcer en public : *La Terre et les Morts*. Cette petite brochure de 32 pages doit être tenue par les admirateurs de Maurice Barrès comme une partie très importante de son œuvre, car elle est l'expression la plus mûrie en même temps que la plus condensée des idées nationalistes auxquelles il s'est consacré.

« Nous sommes les prolongements, la suite de nos parents. » Voilà résumé non seulement le plaidoyer de la Patrie Française, mais encore les *Déracinés*, *Un Homme Libre* et cinq ans de journalisme. Les hommes sont dans leur patrie comme des arbres qui par les racines puisent la substance même des morts et par les feuilles aspirent leur âme éparse dans l'air. Voulons-nous connaître et suivre sûrement notre destinée? Evoquons la voix de la race qui chante encore dans nos instincts, en un mot relions notre avenir à notre passé. « Que l'influence des ancêtres soit permanente, les fils seront énergiques et droits, la nation une. »

INFLUENCES

On a trouvé beaucoup de maîtres à Barrès : Renan, Taine, Le Play, Comte, Baudelaire, Stendhal, Benjamin Constant, Sainte-Beuve, Fichte, Gœthe, Disraëli, Spencer, Stuart Mill, Michelet et même Nietsche qui fut traduit pour la première fois l'an dernier (Barrès ne sait pas l'allemand).

Sans doute, et non moins qu'aucun autre génie, la sensibilité de Barrès a eu des éducateurs ; mais à les trop multiplier, n'en amoindrit-on pas singulièrement l'influence? Nous n'en gardons que deux capitaux : Taine et Renan. Le premier le mit sur la voie de la doctrine nationaliste basée sur la race et la tradition. Le second contribua pour une grande part à la formation du dilettante et de l'élégant ironiste. Barrès ne les a jamais désavoués ; il n'est guère de pages de son œuvre où leur nom ne revienne dans un texte de louange et d'admiration.

Mais tout en rendant hommage à ces maîtres de la pensée moderne et en tenant à indiquer les liens qui le rattachent à eux, Barrès marque fortement ses oppositions. Parmi les plus caractéristiques, nous devons citer celle-ci qui se trouve résumée dans le premier alinéa d'un article sur l'œuvre de Taine (1) :

> M. Taine, comme M. Renan, comme tous les maîtres qui nous ont précédés, croyait à une raison indépendante, existant dans chacun de nous et qui nous permet d'approcher la vérité. Voilà une notion à laquelle, pour ma part, j'ai cru passionnément. L'individu ! son intelligence, sa faculté de saisir les lois de l'univers ! Il faut en rabattre. La raison humaine est enchaînée de telle sorte que nous repassons tous dans les pas les uns des autres. Selon les milieux où nous nous sommes développés, nous élaborons des jugements, des raisonnements. Nous ne sommes pas maîtres des pensées qui naissent en nous. Elles sont des réactions, des mouvements de notre organisme dans

(1) *Figaro*, 19 décembre 1896.

un milieu donné. Elles ne naissent pas de notre intelligence. Elles sont des façons de réagir qui sont communes à tous les êtres plongés dans le même milieu.

Cette note jetée au hasard d'un article doit être tenue pour un des renseignements les plus importants sur le développement et sur l'évolution de la pensée de Barrès, du *Culte du Moi* au *Roman de l'énergie nationale*. C'est elle qu'il faudrait inscrire en épigraphe aux *Déracinés*, et voilà probablement le secret le plus profond de la pensée du philosophe qui, devenu sociologue, a écrit *La Terre et les Morts*.

De même l'influence de Renan ne fut pas absolue. Barrès vis à vis des enseignements spécieux de ce maître qu'il aimait, je crois, davantage avec sa curiosité qu'avec son cœur, sut toujours garder une entière indépendance d'esprit. Nous trouvons dans un article du *Figaro* qui parut le jour même de la mort de Renan (3 octobre 1892) les lignes suivantes qui décèlent un abîme entre le maître et le disciple.

Dans sa *Vie de Jésus* de Renan, nous ne trouvons pas un contentement moral. Les liens se sont dénoués par lesquels M. Renan pensait avoir rattaché le passé au présent. Nous n'entendons plus que comme une belle poésie la façon dont il confond le sentiment religieux et la curiosité scientifique. Et de là il résulte entre autres conséquences fort graves, que la notion du devoir où il nous invite ne nous paraît nullement nécessitée par la conception de l'univers qu'il nous propose d'après les sciences naturelles.

« Le malentendu a pris de telles proportions que dans ces dernières années c'était devenu, chez les intelligences les plus averties, une habitude de soupçonner M. Renan d'ironie, alors qu'il parlait le plus gravement du monde.

« Je ne crois pas qu'il y ait dans l'histoire littéraire un exemple de disciples différant de leur maître aussi fort que diffère de M. Renan le « renanisme ».

Mais en fait d'influences, celles subies par Maurice Barrès sont bien minimes en comparaison de celles qu'il imposa.

Je ne pense pas que la génération actuelle ait trouvé le bonheur dans le dilettantisme prêché par l'inventeur du culte du Moi ; mais il est certain qu'elle s'en est montrée satisfaite, et c'est un résultat quand on songe à la maladie inquiète qui anémiait la jeunesse intellectuelle d'il y a dix ans. Avec quelle avidité, avec quelle joie elle accueillit ce docteur d'harmonieuse indépendance, et comme, dès le début, elle se sentait déjà disposée à le suivre ! Il en profita pour lui montrer le chemin de l'action, pour lui donner des leçons d'énergie. Et elle s'empressa, fascinée.

L'œuvre morale de Barrès fut moins de discipliner selon une méthode abstraite des individus bien disposés que de créer alentour une atmosphère spéciale qui fît éclore en eux des germes ignorés. Il ne nous a pas procuré une sensibilité nouvelle, mais en favorisant le développement de celle qui nous est propre il lui a donné les moyens de se suffire. Et ils sont rares les jeunes de quelque culture réfractaires à cette influence. Beaucoup la subissent qui ne savent d'où elle leur vient. Il n'est pas nécessaire d'avoir lu les *Barbares* pour être un favorisé du barrésisme : il suffit de se laisser vivre selon son temps.

Cela est si vrai que non seulement l'état d'âme qu'il suscita, mais encore les mots dont il se servit pour le dépeindre se sont imposés dans tous les milieux d'intellectualité. Je ne parle pas des termes qu'il créa et qui aussitôt prirent place dans la langue (déracinés, décadents, nationalisme ([1]), dissocié, décérébré etc.) d'autres dont il rénova le sens, mais de sa façon même d'écrire, de ses expressions coutumières, de son tour d'esprit familier. Tout cela est passé dans la littérature française : qu'on le veuille ou qu'on ne le veuille pas quiconque pense, quiconque écrit aujourd'hui dans le ton d'aujourd'hui, pense et écrit sous l'influence de Barrès.

Et il se trouve de jeunes esthètes, justement les plus directement favorisés par cette ambiance, qui s'efforcent de grapiller des pierres de son édifice pour les lui jeter! Ils l'insultent avec ses mots et avec ses mots ils ont loué Dreyfus!

Ah! Maître, s'ils savaient, ceux-là, avec quelle pitié vous les dédaignez...

[1] Barrès s'est présenté en 1895 comme candidat « nationaliste », avec pour programme le « nationalisme » ce qui détermina Millerand et Jaurès, avec qui il avait d'excellentes relations, à le combattre directement au nom de l'internationalisme. A cette date la portée d'une lutte à laquelle la suite des évènements devaient donner son plein sens échappait au grand public.

… Un jour que plusieurs de ces jeunes gens avaient été particulièrement violents à l'endroit de Maurice Barrès, il me sembla, tandis qu'il prenait connaissance de leurs insultes, surprendre sur son visage une expression de plaisir. Et comme je lui en témoignais quelque surprise, il me répondit :

« Je ne puis m'empêcher de rire sur la posture tout à fait ridicule qu'ils choisissent si délibérément. Ils voudraient bien m'injurier, et peut-être pour des personnes mal averties paraissent-ils en effet m'injurier. Mais vous et moi, nous voyons bien qu'en vain pour me renier ils se laissent aller jusqu'à la plus dégradante colère : dans leurs gestes, dans leur ton, dans le fond et dans la manière, je trouve la preuve de mon influence féconde et qu'ils sont mes fils. Ils me lapident avec des mots et des idées que je leur ai données. Et rêvant de me blesser ils me remplissent de joie : ô mes fils sincères, je vois bien que vous ne feigniez rien quand vous disiez me devoir beaucoup ! C'est vrai, vous me devez tout, jeunes sauvageons qui portez ma greffe, — et jusque dans les rangs dreyfusards, vous êtes de ma propriété... »

Ce disant il précipita dans le panier les proses laborieuses.

L'ESPRIT DE CONTINUITÉ

Il est un point sur lequel je ne suis pas près de me mettre d'accord avec les journalistes nancéiens. Ils ont toujours prétendu que Barrès est un individu dénué d'esprit de suite et qui n'a jamais su ce qu'il voulait, — bref une girouette. Ils ne lurent guère, il est vrai, de sa prose que celle imposée à leurs feuilles par ministère d'huissier, quelques tirades sur les vices du régime parlementaire et d'élégants placards où « les sales opportunistes sont priés de respecter les affiches du citoyen Barrès. » Pour moi qui, l'ayant beaucoup étudié, ai cette prétention de le connaître moins superficiellement, une des choses au contraire qui me paraissent le plus admirables dans le génie de Barrès c'est la continuité, le développement normal et pour ainsi dire méthodique de l'idée à travers son œuvre. J'avoue même que cet esprit de suite m'a toujours semblé bien étonnant de la part d'un génie qui pouvait si aisément émerveiller son public par de spécieuses fantasmagories. Il a dit en maints endroits que la vie c'est le changement et qu'il adore le changement ; or les seules choses qui n'aient jamais changé en lui, ce sont ses beaux cheveux noirs et ses idées directrices.

J'ai déjà montré quelque part comme quoi dès les *Taches d'Encre* on pressent *Bérénice* et les *Déracinés*. A la rigueur il me suffirait pour prouver ma thèse de refaire cette constatation. Mais peut-être ne voit-on pas comment le culte du Moi conduit à la doctrine nationaliste...

Dans ses trois premiers volumes, Maurice Barrès n'a traité que de la vie intérieure de l'individu ; c'était la base obligée d'une étude approfondie des collectivités ; le « Moi » élargi devient le « Nous » ; l'égotisme s'étend jusqu'au patriotisme. De même que nous avions eu le traité de l'énergie individuelle, nous devions avoir le « roman de l'énergie nationale ».

Le principal moyen d'énergie nationale préconisé dans les *Déracinés* comme dans la conférence *La Terre et les Morts*, c'est l'amour du terroir qui parle et collabore à notre conscience : « par son influence les ancêtres nous transmettent intégralement l'héritage accumulé dans leurs âmes ». Commence-t-on à comprendre l'idée profonde qui nous amène au provincialisme, retour aux traditions ancestrales, à la campagne de décentralisation, et au *nationalisme* que déjà en 1894 la *Cocarde* appelait par son nom ?

Or cette action de la race sur les individus, avant d'en faire une question de salut national Barrès en avait constaté la force active depuis longtemps déjà ; dès 1889, dans *Un homme libre*, il l'exposait dans toute sa plénitude ; Philippe, pour achever de s'éclairer sur les parties fondamentales de sa sensibilité prend la résolution de visiter la Lorraine, sa province d'origine :

« Là, chaque pierre façonnée, les noms

même des lieux et la physionomie laissée aux paysans par les longs efforts de leur race nous aident à suivre le développement de la race qui nous a transmis son esprit. En faisant sonner les dalles de ces églises où les vieux gisants sont nos pères, je réveille des morts dans ma conscience... Chaque individu possède la puissance de revivre tous les battements dont fut agité le long des siècles le cœur de sa race... » etc.

Au fond, écrivait-il récemment, tout ce travail de mes idées se ramène à avoir reconnu que le Moi individuel était tout supporté et alimenté par la société. Idée banale, capable cependant de féconder l'œuvre d'un grand artiste et d'un homme d'action. Je ne suis ni celui-ci ni celui-là, mais j'ai passé par les diverses étapes de cet acheminement vers le Moi social ; j'ai vécu les divers instants de cette conscience qui se forme. Et si vous voulez bien me suivre, vous distinguerez qu'il n'y a aucune opposition entre les diverses phases d'un développement si facile, si logique, irrésistible. Ce n'est qu'une lumière plus forte à mesure que le matin cède au midi.

Ainsi nous pensons avoir établi l'obsession du même but et comme la hantise de la même idée à travers l'œuvre de Maurice Barrès. Quelques uns, tout en admettant que de la trilogie du Moi découle naturellement la trilogie du roman national, pourraient croire cependant que l'auteur des *Déracinés* sourit de l'auteur des *Barbares*, que la délicate invention de l'égotisme n'est plus tenue par le Barrès d'action que comme une intéressante relique de son passé... Erreur ! Il n'a jamais cessé de cultiver son « Moi », mais il n'en est plus à la période d'étude, il est parvenu à la période d'action ; il est arrivé à la connaissance de la sensibilité générale par la connaissance de sa propre sensibilité. Pénétré de cette idée, relisez ses dernières œuvres et vous retrouverez à chaque page le sens et l'intention des débuts, — avec beaucoup d'amour en plus et un peu d'ironie en moins.

L'ŒUVRE MILITANTE

POLITIQUE

Plus tard, si l'on me dit que cela peut être utile et intéressant, j'écrirai quelques pages sur Barrès politicien ; encore ne choisirai-je pas ce titre à ma plaquette car Barrès, à proprement parler, ne fait pas de politique : il sert vaillamment et sans détours quelques idées sociales très nettes et ses programmes de candidat peuvent se résumer en deux mots : patriotisme et humanité.

Cependant, puisque j'ai entrepris de résumer ce génie multiple, je dois toucher quelques mots de son œuvre militante.

En Barrès, il n'y a pas comme en la plupart des hommes qui cumulèrent les honneurs dans la politique et dans la littérature, — Lamartine, Chateaubriand, Victor Hugo, par exemple, — deux individus indépendants : le littérateur et le politicien. Si parfois le premier semble s'effacer devant le second, tenez pour certain que ce dédoublement est illusoire. Le littérateur est disparu ? C'est que le voisinage n'était pas propice à cet être délicat : il a craint un contact brutal et il s'est recroquevillé ; quand le milieu sera plus favorable il reparaîtra...

C'est la même plume qui sert aux exquises idéologies et aux polémiques acerbes, toujours avec la même ironie souriante, la même précision des mots...

« Le triomphe de M. Barrès, dit Remy de Gourmont, c'est qu'en écrivant un article électoral, il y met du talent et des idées et que celui-là même qui méprise le but qu'il vise ne méprise pas le moyen qu'il emploie. »

On remarquera d'ailleurs que l'homme d'action est né du littérateur qui lui transmit ses idées. Dès *Un homme libre* nous avons rencontré la thèse de la tradition nationale et provinciale, qu'il défendra plus tard dans la *Cocarde*, dans les *Déracinés*, et pour laquelle il bataille aujourd'hui plus que jamais dans les journaux et par l'intermédiaire des ligues.

Quant à son socialisme, je ne le crois pas suspect, parce que je le sais homme de grand cœur et pitoyable aux déshérités. N'écrivait-il pas dès sa prime jeunesse : « Toujours je fus l'ami de ceux qui étaient misérables en quelque chose, et je crois que je plairai à tous ceux qui se trouvent dans un état fâcheux au milieu de l'ordre du monde, à tous ceux qui se sentent faibles devant la vie... »

POURQUOI BARRÈS VOULUT ÊTRE DÉPUTÉ

Un grief a été beaucoup exploité contre Maurice Barrès ; Emile Zola s'en est fait l'interprète dans son livre *Nouvelle Campagne* (chapitre : « L'Elite et la Politique ») :

« L'échec d'un homme tel que Berthelot, dit-il, est fait pour écarter du pouvoir tous les cerveaux puissants. Si Hugo a convoité le pouvoir, il n'a jamais pu satisfaire cette ambition. Vainement Balzac a voulu être député et Renan plus tard y a échoué de même. Chateaubriand et Lamartine seuls ont joué un grand rôle, à la vérité plus décoratif que vraiment fécond en œuvres solides. Je suis frappé de la pauvre figure que nous faisons dans les assemblées. Henri Fouquier, l'esprit le plus fin, le plus lettré et le plus pénétrant, après avoir siégé quelques années à la Chambre s'en est allé plein de dégoût et s'y sentant parfaitement dépaysé et inutile. M. de Vogüé dont on avait accueilli l'élection par des cris d'espoir, attendant de lui de nobles besognes, s'y trouve comme perdu, étouffé au milieu des glapissements, des bourrades d'une foule. Maurice Barrès, malgré son originale conception de la vie, n'en a rapporté que deux bons articles et l'on s'étonne de l'âpreté qu'il met à vouloir rentrer dans le Parlement... Je ne trouve pas un seul écrivain, un artiste ou un savant qui ait réellement joué un rôle politique de quelque importance depuis cinquante ans. »

On fait le même reproche aujourd'hui à Edouard Drumont. Mais si l'on veut bien y regarder de près, on s'aperçoit que si « les meilleurs d'entre nous », comme dit M. Zola, ne jouent plus le rôle des Lamartine et des Châteaubriand, c'est que d'une façon générale il n'y a plus de rôles à jouer. Et, je vous prie, qu'y font, au Parlement, les Barthou, les Poincarré, les Deschanel, les Leygues qui dans ces dernières années ont conquis les situations les plus en vue? Ils occupent des emplois de présidents ou de ministres parce qu'il faut bien que ces emplois soient tenus et parce que ces jeunes hommes appartiennent à la majorité, (et de bonne foi, vous n'allez pas reprocher à un boulangiste de n'avoir été ni président de la Chambre, ni ministre, ni rapporteur du budget?...) Mais à quoi attachent-ils leur nom? Quelles réformes quels mouvements d'opinion, quelle œuvre solide?... — ou quel rôle décoratif!

Barrès est entré à la Chambre pour aider à détruire le parlementarisme. Il a été un vaincu comme le boulangisme lui-même. Il a su garder dans cette catastrophe sa personnalité intacte et même la grandir. Il a puissamment contribué au mouvement d'opinion antiparlementaire par la publication de ses tableaux renseignés de la vie politique. Et il a élaboré pour la part la plus considérable la doctrine du nationalisme.

Pour savoir en quoi un homme a échoué il faut savoir le but qu'il se proposait.

Barrès a tenu tout ce qu'il avait promis et ayant jugé bonne la besogne commencée, il a désiré la continuer. C'est pour cela qu'il voulut être député.

En 1897, Gabriel d'Annunzio venait d'entrer au Parlement italien, un journaliste alla demander à Barrès s'il était vraiment persuadé que les écrivains et les poètes dussent briguer les suffrages de leurs concitoyens et siéger dans les assemblées politiques. Barrès répondit :

— On discutera indéfiniment pour savoir si Chateaubriand, Lamartine, Hugo ont joué un rôle politique digne d'eux et utile à leur pays. Nul ne niera que les écrits politiques de ces écrivains ne soient, avec une extraordinaire puissance, intervenus dans la politique française, en prédisposant la sentimentalité et surtout en donnant aux faits une certaine couleur qu'ils ne perdront plus. C'est à nous qu'il appartient plus spécialement de faire des préparations pour les historiens. Et celui que nous dénonçons comme une canaille a les plus grandes chances d'en garder la posture et la grimace. »

On lui a reproché aussi d'être ambitieux, c'est exact ; mais n'est-ce pas une noble ambition de souhaiter être à même de faire beaucoup de bien à son pays et à ses concitoyens ? Ne trouvez-vous pas ridicule qu'on lui ait fait reproche de cette réponse à un interviewer : « Si je veux être député, c'est parceque j'estime la tribune du Palais-Bourbon un excellent tremplin pour mes idées ? »

Et, même par la tribune (quoique après tout il se soit fait écouter chaque fois qu'il prit la parole et qu'à plusieurs reprises il ait rallié les suffrages au point de faire craindre un échec pour le gouvernement) combien de députés pendant la législature 1889-93 ont rendu autant de services à leur pays et aux idées dont la défense leur avait été confiée, que le député Barrès par ses articles de journaux et son drame puissant : *Une journée parlementaire?*

NATIONALISME

Le mot vient-il de Barrès ?
Charles Maurras et après lui d'autres personnes autorisées l'affirmaient naguère. Jean de Mitty, résumant ces déclarations, écrivait récemment dans le *Journal* :

> Puisque aussi bien, à cette heure, en regard de tant d'anciens et de récents partis politiques, un grand mouvement entraîne le pays entier, qui s'appelle le mouvement nationaliste, il est intéressant, — il est même utile, — de rechercher la date exacte à laquelle le mot *nationalisme* apparut avec la signification qu'il comporte actuellement.
> Il a existé, naguère, dans la terminologie un peu creuse du reportage étranger. Mais il n'y avait qu'une acception étroite. On disait, en l'appliquant aux querelles extérieures : *nationalisme* arménien, grec, bulgare, austro-hongrois...
> C'est Maurice Barrès qui détourna le vocable de

son sens européen et lui acquit ses véritables titres de noblesse. Il l'employa, pour la première fois, en 1892, dans un article intitulé : « La querelle des nationalistes et des cosmopolites. » *(29 juillet)*.

Un peu plus tard, dans une série d'études sur « Les ouvriers étrangers en France et le Nationalisme », il définissait, au milieu de la méfiance générale, cette grande doctrine aujourd'hui accréditée.

Jamais mot n'eut une fortune aussi brillante — et aussi légitime. Il exprime non seulement une idée haute, mais encore le sentiment profond, les traditions, les rêves et les énergies de toute une race.

Il était bon que les honneurs fussent rendus au penseur qui, en dotant la langue d'une expression aussi éloquente, a obligé la France à reprendre conscience d'elle-même.

Le sens profond du mot « nationalisme » nous avons dit quel il est : toute une doctrine patriotique fondée sur des réalités. Racinons-nous dans notre terre parce que d'elle nous tenons tout et que hors d'elle rien ne vaut pour raffermir les destinées d'un peuple.

Mais édifier des doctrines, dégager des principes généraux, ce n'est pas suffisant : il faut pour être pratique jusqu'au bout leur adjoindre une méthode d'application.

Et pour commencer il importait de battre en brèche l'organisation centralisatrice actuelle, qui draine vers la capitale tous les éléments vitaux de la nation. « Négligent des grandes affaires et trop soucieux des petites, cet Etat centralisateur pousse la France à l'anarchisme et la détache de toute idée de patrie, » constatait-il avec Charles Maurras. La centralisation à outrance a ruiné dans notre pays l'esprit de race qui en était la sauvegarde : le premier remède c'est donc la décentralisation.

Sur Barrès zélateur des idées de décentralisation, il y aurait un gros volume à écrire. Charles Maurras y a consacré une grande partie de sa remarquable brochure *Décentralisation* (1); c'est là qu'il faut suivre la campagne fédéraliste : on constatera que, dès le début, Maurice Barrès fut à la tête du mouvement comme il l'est aujourd'hui.

Mais, puisque les longs discours me sont par moi-même interdits, je serai bien venu à les remplacer par un article de la *Nouvelle*

(1) Edition de la *Revue Encyclopédique*.

Revue, — à tort ou à raison attribué à Léon Daudet, — où il est rendu compte d'une conférence de Maurice Barrès à Bordeaux, intitulée *Fédéralisme et assainissement;* son programme et son rôle dans les manifestations qui, vers 1895, eurent pour but la résurrection du provincialisme y sont résumés en termes fort exacts :

> On savait que l'auteur d'*Un homme libre* comptait parmi les défenseurs du système fédératif, et il avait développé tout un programme à cet égard, dans ses articles presque quotidiens de cette curieuse *Cocarde* qu'il dirigea pendant six mois. Un peu isolé tout d'abord, il se trouva bientôt entouré de l'adhésion, soutenu du concours de tous les esprits jeunes et réfléchis. Le dernier numéro de la *Cocarde* de Barrès reste comme un document significatif pour l'histoire des nouveaux Girondins. Pas un des rédacteurs qui prirent part à ce défilé de retraite n'oublia de marquer avec force son attachement aux idées de décentralisation. La campagne de la *Cocarde* donna, d'ailleurs, des résultats plus généraux : le lendemain même de la disparition du journal, eut lieu au Grand-Hôtel, avec le concours de plusieurs des collaborateurs de M. Barrès la fondation de la « Ligue nationale républicaine de décentralisation », que préside notre collaborateur M. de Marcère.

Mais si l'on voulait remonter aux principes du fédéralisme de M. Barrès, peut-être faudrait-il conseiller de relire le chapitre d'*Un homme libre* où l'auteur fait le compte des éléments constitutifs de sa pensée et de sa sensibilité : une place considérable y est faite à ses origines lorraines. Le pays vosgien est décrit avec une netteté amoureuse et une précision pleine de sentiment. Il y a mille sortes de fédéralismes. Mais la meilleure est sans nul doute celle qui sort de ce vif sentiment provincial. Proudhon l'avait. Cela ne nuisait point à son internationalisme humanitaire.

La conférence de Bordeaux n'avait donc rien de proprement nouveau pour le public, mais elle a réussi parce qu'elle synthétisait sous une forme saisissante tout ce que l'orateur avait dit et pensé de meilleur sur ce point. Ces quelques pages représentent mieux qu'un programme de parti : elles forment un véritable traité du gouvernement de l'avenir. Au début, l'orateur montre comment la pression et la corruption électorales sortent directement de la centralisation administrative. Un cabinet a les députés qu'il demande, parce que le régime actuel remet en son pouvoir toutes les forces économiques de la nation. Et d'autre part, la centralisation nous soumet à un système d'administration uniforme, qui arrête l'expansion de toute énergie nouvelle, de toute transformation de notre état social. Liberté politique, liberté sociale, voilà ce que M. Barrès attend du régime fédératif.

Il donne ensuite aux « petits-fils des Girondins »

une image rapide des forces actuelles du parti de la décentralisation qui, né des confins du proudhonisme, gagne jusqu'aux disciples de Le Play et de Comte. Ce parti défini, il en explique la pensée, en ébauche le plan idéal d'une Constitution française dans laquelle les affaires municipales seraient réglées exclusivement par les conseils municipaux, les affaires régionales par les conseils régionaux, tandis que les affaires nationales continueraient d'appartenir, comme l'exigent la logique et le bon sens, au gouvernement national.

Telles sont, d'ailleurs, les tendances historiques, les traditions indestructibles du sang français. M. Barrès les montre vivantes dans la Gaule protohistorique, au moyen-âge et jusque dans l'histoire de la Révolution. Il réfute chemin faisant l'opinion de M. Hanotaux et montre que dans la doctrine républicaine, la centralisation est un simple contre-sens intéressé défendu par le petit groupe des néo-gambettistes, détenteurs du pouvoir.

En dernier lieu, M. Barrès a démontré comment une France fédérative, plus vivante à l'intérieur, serait nécessairement plus grande et plus forte au dehors, au point de devenir l'arbitre de la paix en Europe. Il a terminé par l'éloquente formule que nous citerons, nous aussi, en manière de conclusion, et sans affaiblir de commentaires les paroles d'une si juste philosophie politique : « Familles d'individus, voilà les communes ; familles de communes, voilà la région ; familles de régions, voilà la nation... »

Convient-il, dans ce livre, de nommer l'affaire Dreyfus ? Je serais pourtant incomplet si je fermais ce chapitre sans parler de l'influence de Barrès, pendant la néfaste période, sur l'action nationale.

Aux sophismes, aux arguments de « raison pure » des philosophes adverses, il opposa ce principe d'une impérieuse simplicité « la loi du relatif ». La justice effective dans un Etat, dans une société, ne saurait prendre pour base la raison pure, parce que la raison pure n'est pas une base solide ; un gouvernement, une nation sont des choses réelles qui ne peuvent avoir comme assises que des réalités. Le droit fondé sur la raison, c'est l'anarchie. Et il définit merveilleusement l'affaire Dreyfus « une orgie de philosophes ».

Est-ce que de tous les diagnostics portés sur cette douloureuse convulsion que fut pour notre pays l'affaire Dreyfus ne voilà pas le plus net, le plus profond, le plus sainement plausible ?

Il est vrai que du jour où il se permit de telles appréciations, Barrès perdit l'amitié de quelques « intellectuels » qui, ayant la veille encore protesté de leur indéfectible admiration, collaborèrent avec ses ennemis pour accoler à son nom les épithètes les plus grossières ; mais, comme il le dit, « l'homme capable de quelque philosophie prend l'habitude de mépriser les individus dont il ne partage pas les idées et de les mépriser au point que leurs injures soient inexistantes ; d'autant plus que des insultes imprimées sont, après tout, moins impressionnantes que les aboiements d'un chien : elles n'empêchent pas de dormir... »

Notons enfin la fondation, en février 1900, d'une Association de la Jeunesse nationaliste qui, sous la direction active de Barrès, très florissante dès le début, consacre ses soirées à l'étude des questions sociales.

CAMPAGNES ÉLECTORALES

Je ne connais que par les journaux de l'époque et par la tradition qui en est restée vivace à Nancy la campagne boulangiste menée par Maurice Barrès en 1889, de pair avec Gabriel et Paul Adam. Elle fut violente, comme c'était nécessaire ; ses contradicteurs d'alors ont gardé une véritable terreur de ce jeune homme imberbe, qui vint si intempestivement troubler leur digestion satisfaite.

A lire les journaux de l'époque, nous constatons que du dilettantisme contemplatif, le jeune Barrès était entré carrément et sans transition dans la phase d'activité. Voici, d'après une feuille adversaire, quelques documents typiques sur la première réunion où il prit la parole :

M. Barrès monte sur l'estrade.

Il est désolé de se trouver entre amis : il aurait voulu qu'il y eût des interrupteurs et des siffleurs pour se payer le plaisir de les flanquer à la porte.

« Le parti opportuniste est une société financière qui exploite la République. Il faut se débarrasser des opportunistes.

« Ce soir, si je compte bien, nous sommes 800 ; il y a quelques jours ici même à l'Alliance républicaine ils n'étaient que 60. (On rit).

« La Tunisie et le Tonkin, c'est une infamie.

« Encore une infamie ces reproches faits au général Sénard par cet infect avocat Floquet.

« Quand on a donné la main pendant cinq ans à Wilson, on est capable de toutes les infamies.

« On ne compte plus les bureaux de tabac donnés par les ministres aux maîtresses de leurs amis.

« Il faut mettre toute cette fripouille-là à la porte : les parlementaires et les opportunistes... »

C'est tout ; des orateurs se succèdent ; puis M. Maurice Barrès revient à la tribune :

« Le citoyen Polignac et moi, nous avons eu l'honneur d'être filés de Paris à Nancy par un policier qui s'est mis à nos trousses et qui a disparu, après avoir mangé l'argent que le gouvernement lui avait donné.

« S'il était venu ici, conclut M. Barrès avec son accent calme et flegmatique, nous lui aurions cassé les reins, ce qui eut ajouté un peu de joie à notre réunion... »

Mais mieux qu'un résumé banal des faits, les passages suivants d'un article publié par Maurice Barrès au lendemain de son élection fixeront la moralité de cette campagne (1) :

... Il est impossible de vivre pendant quelques semaines au milieu des déshérités sans recevoir d'eux une émotion, un sincère mouvement d'amour. A quoi songeait mon ami Gabriel, élu hier, lui aussi, député de Nancy, pendant ce monotone retour des réunions publiques, tandis que, le long de la Moselle, nos ouvriers en rangs serrés nous entouraient, chantant les Marseillaises boulangistes? J'imagine que j'étais arrivé, moi nouveau venu parmi les ouvriers, à les aimer comme lui-même les aime, qui partage leurs labeurs depuis vingt ans. Engourdi par la fatigue physique que donne ce sport violent, ce lawn-tennis d'injures électorales, il y avait en moi une joie sincère : le sentiment que j'avais touché l'âme populaire, la sensualité presque d'être en contact avec une belle chose vigoureuse, bien vivante, substituée enfin à ces abstractions qui m'avaient tant lassé dans l'ombre des bibliothèques.

Cette période électorale me laissera un fécond souvenir. J'aimais mes amis pour leur confiance ; je goûtais dans mes adversaires l'énergie de leurs insultes. Pas de milieu plus sain. Délicieuses bagarres de

(1) *Figaro*, 27 octobre 1889. — *Notes d'un nouvel élu.*

septembre et d'octobre ! Incomparable ballottage ! C'est là que je me pris à comprendre, à aimer la vie, l'instinct tout nu...

... Un jour, j'ai entendu à la Cour d'assises Gamahut, parlant de sa victime, s'écrier avec une entière bonne foi : « C'est alors que la canaille se débattit, et, me saisissant à la gorge, essaya de m'étrangler ». Gamahut, comme mes adversaires électoraux, était un passionné ; pas plus qu'eux il ne savait se faire une vision nette des évènements auxquels il avait été mêlé, ni des personnalités qu'il avait combattues. Eh bien ! voilà le travers que je voudrais éviter. Et s'il m'est arrivé à moi aussi, pendant la période électorale, de regarder mes adversaires par leur mauvais côté, au point de me laisser aller à y allonger ma botte, je me propose dorénavant de ne plus considérer que leurs vertus.

... Avec quelle curiosité sympathique ne vais-je pas étudier la physionomie de ces hommes supérieurs appelés par le suffrage universel à interpeller et à légiférer ! Délicieuses après-midi du Palais-Bourbon !..

Qu'ajouterai-je ?... Il vint à plusieurs reprises dans sa circonscription rendre compte de son mandat à ses électeurs et chaque fois il eut à combattre l'hostilité furieuse de ceux qu'il avait eu l'audace d'évincer. Le *Temps* publia un jour, sur la foi de son correspondant nancéien, une relation si mensongère d'une de ces réunions que Barrès crut devoir lui adresser la lettre suivante :

Monsieur le Directeur,

Vous publiez un compte-rendu d'une telle inexactitude de la réunion que j'ai faite dimanche dernier à Saint-Nicolas (Meurthe-et-Moselle) que je désire que les électeurs de cette ville puissent juger de votre bonne foi.

Je vous adresse donc sous ce pli un bon de poste, en vous priant de me faire parvenir cinq cents numéros du *Temps*, qui seront distribués à Saint-Nicolas par mes soins.

Maurice Barrès.

Des luttes électorales de Neuilly je suis encore moins bien renseigné ; il est probable qu'elles furent aussi ardentes, puisque l'histoire rapporte que l'hôtel de Barrès fut assiégé, envahi, saccagé par les bandes anarchistes de M. de Pressensé.

Mais j'aurai plaisir, si j'écris la brochure dont j'ai parlé plus haut, à me rappeler les évènements de la campagne nationaliste de 1898, à laquelle j'eus l'honneur de participer.

Car, entre des réunions tapageuses où, souvent, au lieu d'idées nous fûmes obligés d'échanger des coups de cannes avec des stipendiés, il y eut de bonnes heures de calme et de travail commun. Je crois que je ne reverrais pas sans émotion la chambre n° 46 de l'Hôtel de France où, lui assis près de la fenêtre, moi installé devant une table encombrée d'un beau désordre de livres, de journaux, de dossiers, nous avons passé des après-midis de soleil à préparer les numéros du petit journal qui parlait à ses amis les ouvriers du patriotisme et des lois nécessaires. Souvent il me dictait (car il possède une écriture déplorable qui fait le désespoir des typos) et j'entends encore sa bonne voix calme, un peu enrouée, improvisant de superbes phrases qu'il ne relisait pas et qui, le lendemain, faisaient par toute la ville l'émerveillement des lettrés.

Parfois, pour plus de célérité, tandis qu'il me dictait un article, lui-même en écrivait un autre...

Le soir, gaiement, il s'en allait au-devant de quelque guet-apens.

Et le lendemain, sa voix était un peu plus enrouée, la fièvre alourdissait son geste : mais sa belle énergie dédaignait les courbatures...

Celui qu'on lui préféra se nommait Gervaize.

CONCLUSION

« Maurice Barrès, dit Anatole France, a exercé sur les jeunes gens de ces dernières générations une influence profonde, une sorte de fascination. »

Cela pour des raisons multiples dont nous allons donner les principales :

a) Parce que Barrès est un admirable styliste qui a délivré notre littérature des fastidieux clichés et des lourds procédés de l'école naturaliste. Son rôle à la fin de ce siècle a été celui d'un Malherbe libérateur de la langue française.

b) Parce qu'il est venu affranchir notre âme et notre esprit de l'esclavage des codes philosophiques en proclamant la suprématie de l'individu, en instituant le culte du Moi. Notre sensibilité est devenue notre loi ; hier nous étions le reflet d'une pédagogie, aujourd'hui nous sommes NOUS.

c) Parce qu'il nous a fourni des moyens d'énergie. Grâce à lui nous pouvons crier comme les martyrs aux arènes : « Que nous importent les conditions matérielles de l'existence ! Vous pouvez bien, barbares, inventer des tortures : nous ne vous laisserons qu'une vaine défroque dans les mains ; ce que vous ne sauriez maîtriser, c'est notre âme, c'est notre pensée... Toujours nous aurons la satisfaction de vous mépriser et la joie d'être ironiques. »

d) Parce qu'ayant exalté en nous l'esprit

de race, il nous a doublement attachés à notre pays et que, lui, ce métaphysicien, il nous a donné l'exemple de l'action.

e) Parce qu'ayant souffert lui-même de la détresse morale des jeunes gens de ce temps, il s'est fait leur ami et leur confident. Quand le médecin, appelé près d'un malade, dès le premier abord découvre le mal invisible le malade dit : « Ce médecin est savant : je suis en bonnes mains. » Il a pris confiance et déjà il est à demi guéri. Barrès est venu à nous, il a touché du doigt nos angoisses et il nous a dit : « Moi aussi j'ai souffert de cela ! » Voilà pourquoi nous avons foi en lui.

Il a fait davantage; et à notre souffrance il a prescrit des remèdes : on est libre de les suivre ou de les dédaigner, rien ne saurait empêcher qu'il ait conquis notre sympathie par le seul fait d'avoir découvert la formule

« des sentiments que nous éprouvions et dont nous ne prenions à nous seuls qu'une conscience imparfaite ».

Pour toutes ces raisons Maurice Barrès est notre Maître, nous l'aimons et nous le suivrons.

TABLE

	Pages.
Notes préalables (Avertissement. — Préface)	1

TROIS MOIS CHEZ M. BARRÈS

L'auteur se présente	9
Portrait	17
Ascendance	21
Jalons biographiques (Son enfance. — Ses études. — Ses débuts. — Des *Barbares* au Palais-Bourbon. — Ces dix dernières années)	27
Habitus et ingenium	77
Comment il divise l'humanité	81
Quand il cause	83
Pas tribun : conférencier	85
Quelques signes particuliers	87
Suite du précédent	89
Où M. Renan prend la parole	91

BARRÈS LITTÉRATEUR

I. L'Ecrivain	95
Le styliste	95
Poète de vie	99
Pourquoi tout le monde ne le comprend pas	101
Il n'est pas un sceptique	107
Ironiste	109
II. Petit catéchisme de la doctrine du moi	121
III. L'Œuvre littéraire	125
Les Taches d'Encre	125

Sous l'œil des Barbares.......................... 131
Un Homme libre.................................. 137
Le Jardin de Bérénice............................ 143
L'Ennemi des lois................................ 153
Trois stations. — Toute licence. — Du sang, etc.. 159
Les Déracinés.................................... 163
L'Appel au soldat................................ 177
Stanislas de Guaita. — Un amateur d'âmes...... 183
Quelques articles................................. 189
Conférences....................................... 207
Influences.. 213
L'esprit de continuité............................ 224

L'ŒUVRE MILITANTE.

Politique... 229
Pourquoi Barrès voulut être député................ 233
Nationalisme...................................... 239
Campagnes électorales............................. 247
CONCLUSION...................................... 255

St-Dié. — Imp. Humbert, C. CUNY, Sr.

ŒUVRES DE MAURICE BARRÈS

Le Culte du Moi, examen des trois romans idéologiques (Perrin édit.) : 1 fr. — Cette brochure a été réunie plus tard à *Sous l'œil des Barbares*, édition Charpentier.

Sous l'œil des Barbares — (1º Perrin ; 2º Charpentier, édit.) : 3 fr. 50.
Un Homme libre, id.
Le Jardin de Bérénice, id.
} Trilogie du Moi.

L'Ennemi des Lois, id. : 3 fr. 50.
Du Sang, de la Volupté et de la Mort, (Charpentier, édit.) : 3 fr 50.

Les Déracinés — (Charpentier édit.) : 3 fr. 50.
L'Appel au Soldat, id.
Leurs Figures, id. *(en prépar.)*
} Roman de l'Energie nationale.

BROCHURES

Les Taches d'Encre (gazette mensuelle). Epuisé.
Huit Jours chez M. Renan (Perrin édit.) Epuisé.
Trois Stations de Psychothérapie, id., 1 fr.
Toute Licence, sauf contre l'Amour, id., 1 fr.
Le Quartier Latin (Dallou édit.) Epuisé.
Stanislas de Guaita (Chamuel édit.) 1 fr.
Un Amateur d'Ames, illust. de Dunki. (Charpentier édit.) 3 fr. 50.
La Terre et les Morts (brochure de propagande de la *Ligue de la Patrie Française*).
L'Alsace-Lorraine, id.

THÉATRE

Une Journée parlementaire, comédie en trois actes (Charpentier édit.) 2 fr.

www.ingramcontent.com/pod-product-compliance
Lightning Source LLC
Chambersburg PA
CBHW050329170426
43200CB00009BA/1513